はじめに

■すごく個人的なはなし～お母ちゃんには叶わない～

はじめまして。野崎亙《わたる》です。

株式会社スマイルズで所謂《いわゆる》クリエイティブディレクターなるものをやっています。スマイルズと言えば、食べるスープの専門店「スープストックトーキョー」をはじめ、ネクタイブランドの「ジラフ」やファミリーレストラン「１００本のスプーン」など多種多彩な実業を行っています。また入場料のある本屋「文喫」など外部クライアントのプロデュースも手掛けている会社です。

その中で僕はクリエイティブチーム20名程度の一団を率いて、グラフィック／空間／ＷＥＢなどのデザインはもちろん、広報・ＰＲやブランディング、販促・事業企画、外部のプロデュースなど、なんでもアリでお仕事をしています。「大体なんでもできる！」が信条で、おっきなプロジェクトから小さなプロジェクトまで、普通の仕事から変わった仕事までいろいろと舞い込んできます。

本書の編集も大詰めに向かっている2019年7月、僕は重い腰を上げてやっとこさ「はじめに」の執筆に取り掛かりました。今まさに夏休みの最終日に溜まった宿題と格闘している、といった心境です。実のところ、本を書こうと考え、この日に至るまで実に3年弱の歳月を要しました！

振り返ると3年前の秋、突然母親に品川に呼び出され、一緒に食事をすることになったんです。唐突に「お前、もう上がったんか！？（もうやりきったのかの意）」と語気を荒げる母。僕はその時既にスマイルズの取締役であり、それなりの成果も残してきたかなと自分なりの納得感もあったことを、母親には見事に見透かされていたようです。

「お前はいつも80％の力しか出さない。会社を辞めて海外に飛んでいけ！」

えっーーー！　なんで!?　一体何が彼女にそう言わせたのか。この以前に特段その母からの提案につながる二人のヤリトリがあったわけではないのに。普段は大阪で心療内科医を営んでいる当時80歳、現役バリバリの肝っ玉母ちゃんは、普段会うことがなくとも、いつも僕のことを突き刺してくるのです。続けて「私は今から20年、何をやってやろうかと考えている」。驚愕《きょうがく》です。80歳を過ぎて尚、まだまだ先を見据える母上よ……。

さすがに会社を辞めることはなかったのですが、改めて自分はこれまで何を培ってきて、今までとは違った何ができるのかを考えてみました。その時に「本を書く」という1つの可能性が浮かび上がってきたわけです。

■マーケティングとクリエイティブのゴールは同じ

スマイルズにはマーケティング部門がありません。ですが、2018年とあるメディアのCMO（Chief Marketing Officer）Awardを受賞しました。その授賞式に登壇したのは、クリエイティブディレクターである、まさかの僕。マーケティングの賞をクリエイティブの人が受賞する〝矛盾〟。そこにスマイルズのユニークネスと秘密が隠されています。

企業においてマーケティング部門とクリエイティブ*部門は、時として犬猿の仲なんてこともあるかもしれません。本書でも、一見マーケティングは必要ないと言っているかのような論調が登場しますが、誤解しないでほしいのはマーケティングを全否定しているわけではないということです。あくまでマーケティングだけに依存することは危険だということをお伝えしたいのです。**今の時代の価値は直感や感性から出発した方が本質を捉える可能性が高く、そうやっ**

*クリエイター・クリエイティブ：本書では便宜上、部門にかかわらず新しい価値を作り上げる人を「クリエイター」、価値を作り上げる活動（営み）を「クリエイティブ」と呼ぶことにします。

て生み出した荒削りのアイデアをマーケティングや分析的な手法で洗練させていくのが賢明だと考えています。

そもそもマーケティングとクリエイティブは、ゴールは同じなんです。マーケティングもクリエイティブも、端的に言ってしまえば、〝自然にモノが売れる〟ことが最終的な理想像です。営業などしなくても、自然にお客様が来て自然に売れてくれる。製品やサービスが自動的に仕事をしてくれるという理想に向けて、マーケティングとクリエイティブは協働していかなくてはいけません。

ただ、注意したいのは、ゴールは同じなんだけれども、そこへ向かうルートがマーケティングとクリエイティブで異なるということなんです。というのは、両者の性質が異なるからです。

例えば、自然の真理を見つけるためのアプローチは2つあって、1つが定量的なアプローチ＝自然科学、もう1つが定性的なアプローチ＝自然哲学です。マーケティングとクリエイティブはこの2つの流れにすごく近い。もちろん、前者がマーケティング、後者がクリエイティブということです。同じ目標に行きたい2つのルートで、片やロジック、片や心理を基盤としているわけです。

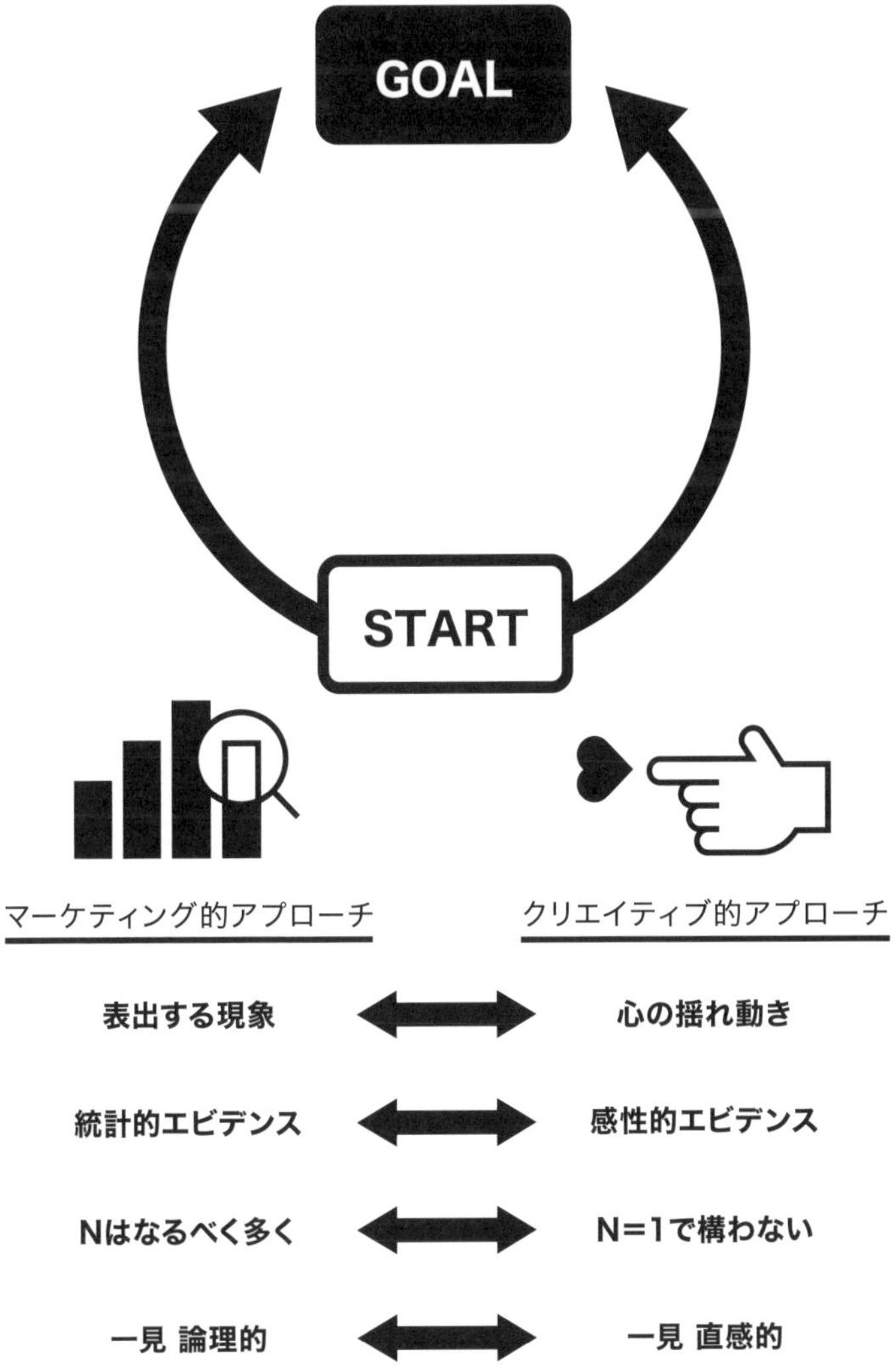
GOAL
START
マーケティング的アプローチ
クリエイティブ的アプローチ
表出する現象
心の揺れ動き
統計的エビデンス
感性的エビデンス
Nはなるべく多く
N=1で構わない
一見 論理的
一見 直感的

ですから、この本はクリエイターにとってみれば自らのプロセスを論理化したものと捉えることができるかもしれないし、マーケッターにも今までとは真逆のアプローチで新たな回答を見出す手立てとなるかもしれません。**従来型マーケティングと違うマーケティングについて語るものなので、立場を問わず、事業開発や価値創出で壁に当たっている人、悩んでいる人にぜひ一読して、事業の現場で実践してもらいたい**なと思います。

クリエイティブというのはクリエイターだけが取り組むべき仕事ではないし、マーケティングもマーケッターだけの専売特許じゃない。本来は全員が関わるべき仕事なんだと思います。だから5ページの図に掲げたような考え方をテコにすることで、思いつきをロジカルシンキングと組み合わせることもできるだろうし、反対にロジックで導き出したアイデアに感覚的な価値を付与することもできるようになると思います。

■N＝1とは何ぞや？

僕はスマイルズに入る前、コンサルタントとして、様々な業界の事業や商品のコンサルティングやリサーチを生業《なりわい》としていました。一般的なコンサルティング業務とは少し違い、今で言うところのデザインコンサルティングやデザインリサーチの先駆け的なことを仕事にしていたのですが、その際に見出してきた理論が本書のベースとなっています。しかしながらそれらは、実業者としてのスマイルズ自身が明文化はしていないものの、自然と実践してきたものでもあり、結果的にスマイルズの価値を生み出す方法論や、市場を捉え次なる一手を生み出す視点をまとめたものとなりました。

本書の中では**「N＝1」**という言葉が度々登場します。「N＝1」とはすなわち、アンケート調査における「サンプル数」が1つということを意味します。一般的にはn＝1000とかn＝10000とか数が多いほど有意性が高いと考えられているものです。仮にアンケート調査において、「サンプル数は1名です」と自信満々に答えたら、あなたの今後の会社における立場は危うくなるかもしれません(！)。しかしながら**たった1つのサンプル数（すなわち自分自身や近しい誰か）だからこそ見出しうることがあるのです。**知らない10000人の誰かを理解することより、自分自身や近しい誰かを知ることの方が圧倒的に容易《たやす》いはず。言い換えるならば、自分自身の欲求や行動の発意を理解せずして、知らない誰かの感情の機微を捉えるのは不可能に近いのではないかと思うわけです。あなたがこれから生み出すであろう企画や事業において、「N＝1」にフォーカスを当て、あなた自身や誰かの経験や込み入った感情の機微、非合理な行動モチベーションを理解することができれば、これまで見えてこなかった「問題」や「課題」、「解決策」を探し当てる糸口となることでしょう。本書では様々な事例を用いながら、「N＝1」から始まるマーケティングやクリエイティブの新しいあり方についてお話しできればと思います。

話を戻して、この本を書くプロセスはまさに「N＝1」に端を発したものでした。

いざ本を書こうとするとなかなか筆が重いわけです。本を書くとは決めたものの、意外とそのプロセスは億劫なようで。そこで僕は、自分自身の性格を客観視した上で、とあるソリューションを思いつきます。元来、僕は誰かに強制されないと頑張れない性格と同時に、頼まれたら断れない性格でした。受け身でお人よしなわけです。自分の意志だけでは本を書くことは不可能。であるならば、半ば強制的にアウトプットを生み出さざるをえない状況を作ることにしました。スマイルズの広報にお願いして、あらゆるテーマの講演会の機会を作ってもらい（時には大学にて学生向けにも）、月に数本ペースですべて違う内容の講演会を行い続けたのです。そうこうしていると聴講者の方からさらに依頼をいただき、倍々で増えていく。まさに講演会の〝強制スパイラル〟を起こし、結果的に自分自身の思考を強引にメソッド化していったのです。「自分の意志では動けないからこそ、動かざるをえない状況を作る」。要は自分自身の行動の発意（N＝1）を理解した上で、お客様である〝自分〟を動かしたということです。仮に、私たちのお客様に対して、そのお客様の込み入った感情を捉え、何らかの施策を実行することができれば、既存のマーケティングを超えていくことができると思うのです。

本書で説くところの「N＝1」やそれ以外の理論も、先に述べたように統計的エビデンスによって生み出されたものではなく、僕自身の原体験的観念に由来しています（だから、やたらと私個人の体験談が出てきます）。

しかしながら、先ほども言ったように、スマイルズはその理論を実践している体現者でもあります。自分自身をN＝1と捉え、精緻に理解するところから始まり、作ろうとしているものが、届けようとしている顧客に対して何の意味があるのか、何の価値があるのか、商品やサービスのそもそもの定義は何か、ということを捉え直して再構築していく。スマイルズはそうやって他と違う市場盤面を作っていっているわけです。

すなわち、**スマイルズのクリエイティブは「N＝1」から始まるマーケティング**だとも言えます。

本書を読み進める中で、「あーわかるわかる」と思ったあなた、すなわち、あなたが自身の経験に照らし合わせてリアリティを感じ共感してくださったのであれば、すでにあなたの「N＝1」は始まっています。

目　次

5章　関係性のブランディングの作法

1章　マーケティングしないマーケティング

1. スマイルズはマーケティングをしない？

■追求するのは「センス＝価値観への共感」

スマイルズは、２０００年に三菱商事の社内ベンチャーから始まった会社です。当初は１９９９年創業の食べるスープの専門店「スープストックトーキョー」を運営する会社でしたが、その後、ネクタイ専門店「ジラフ」やセレクトリサイクルショップ「パスザバトン」、ファミリーレストラン「１００本のスプーン」など様々なブランド事業を開発・運営しています。近年では外部企業のプロデュースやブランディングなどのお手伝いもしている会社です。

「誰にも似てない」

これはスープストックトーキョーの創業時、スタッフ求人に使用した言葉です。その求人広告にはスープストックトーキョーのロゴとその文言のみ。これは20年経った今も変わらぬスマイルズのたしなみを表していると感じます。

一つひとつの事業を借り物ではなく自ら生み出し、ブランドとして育てていく。それも周囲の状況に過度に左右されることなく「これがいい」と思えることを事業にしていくこと。当然、時として成功するケースも失敗するケースもあるのですが、どのブランドにおいても共通している考え方と言えるでしょう。

　そんなスマイルズの事業開発やブランディングに対するスタンスはどのようなものかをご紹介します。僕たちはまず、**事業の企画や開発にあたって従来型のマーケティングは基本的に行いません。**市場や市場規模の分析、マーケットイン発想、トレンド分析もしないし、競合も誰だか知らない。ということは、差別化やポジショニングも考えようがない。「3年後に100店舗出店を目指す」というような具体的な数値目標も掲げません（当然、計画はありますが、それが絵に描いた餅であることは承知しています）。

　では何を重視するかというと、いま、目の前に見えている未来のお客様とどういう関係性を持つかということ。そのためにはその人に憑依する勢いで、その人の欲求や心の動きを妄想する。満足のいく顧客体験を提供するために具体的なシーンを描く。イメージを膨らませる。提供するものにオリジナリティやユニークネスがあるかにこだわる——といったところです。僕らが大切にしているのは、目の前に見える誰かに対して、自分らしいやり方で、その方の〝体温〟があがる価値を提供することなんです。

　事業や企画を開発する際はスマイルズらしい順序があって、**「センス→実業→本質」**というステップで進めます。ここで言う〈**センス**〉とは価値観のことであり、様々な価値（品質が高い、安い、生産背景、ブランド力など）を統合した顧客にとっての判断のモ・ノ・サ・シを指します。「おいしいだけじゃなく見栄えもよくないとだめだ」とか、「商品のクオリティよりもその生産背景に惹かれる」とか複雑に入り組んだものです。

多くの企業は、まず〈**実業**〉（ビジネス上の価値）を最優先するのではないでしょうか。どのつまり儲かるか、儲からないか。その可能性が見出せなければ普通は事業が始まらないですよね。あるいは、〈**本質**〉（社会的意義）が先んじる事業もあるでしょう。世の中はこうあるべきだ、世の中を変えていくという意志のもと、興されていく事業は少なくありません。当然僕たちもそういった思考が全くないかと言えば嘘になりますが、第一に追求するのはセンスであり、その事業が実現しようとする価値観に自分たち自身が共感できるか、あるいはその延長線上の話として、顧客の共感を得られるかどうかにこだわります。だからこそ**自分たちが「やりたいこと」や「これがいい」と思えることに端を発して始まります。**

センスが受け入れられたならば、ビジネス上の帳尻を合わせにいきます。現にスープストックトーキョーもジラフも収益性を確保するまでに長い時間がかかりました。普通の会社であれば、途中で諦めていたかもしれません。それでも粘ることができるのはその事業が「会社が決めたからやっている」わけではなく、「やりたいことをやる」「欲しいからやる」ことから始まっているからだと思います。「儲かりそうだからという理由だけで事業をやる」ということは

スープストックトーキョー創業時の求人広告

スマイルズの事業開発の順序

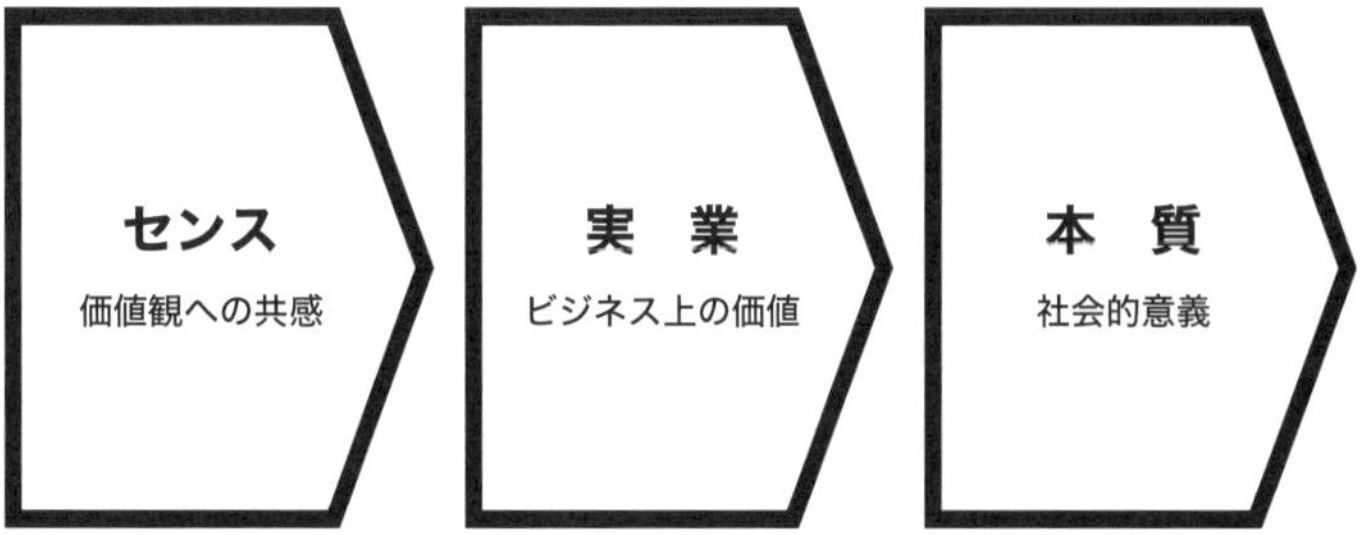

皆無なわけです。

そして最後に本質＝社会的意義。事業を長く続け、顧客への共感が拡がる中で、ある種、必然的に社会的な存在理由も生まれてくると考えています。ＣＳＲ的な視点から、事業活動とは別次元で社会的活動を行うというよりは、共感の連続による事業活動の延長線上に浮かび上がってくるということです。スープストックトーキョーでは、昔から「Soup for All」という思想があります。０歳から１００歳まで、世界中のどんな人にもスープは身近な食べ物です。まだ内緒ですが、僕たちなりの〈本質〉として、まだまだお届けできていない方に向けた活動も現在進行形で進んでいます。

新規事業を立ち上げる時、「社内にこういうリソースがあるから、それをこう展開すれば拡大するはずだ」というような目算から始めることはまずありません。また、「今、市場でこれが流行っているからやろう」というような、市場環境に鑑《かんが》みた上で一手を打つこともない。あくまでも生活者としての自分たちの発意を基点として、そこで顧客と共感で結ばれることを目指しています。また、社会という朧《おぼろ》気《げ》な対象に対して「こうあるべき」と考えるよりも、例えば自分自身や自分に非常に近い〝誰か〟といった、具体的な「個人」を対象として、この人を喜ばせたい、ワクワクさせたいと考えています。当然、その延長線上には社会や世の中への可能性を妄想するわけですが、とても身近でミクロなことに端を発しているわけです。

世の中で日々様々なサービスや商品が現れては消えていくわけですが、戦略的撤退は別にして、うまくいかないビジネスの中には「これが価値のはずだ！」という事業者側の一方的な視点で作られているケースもあります。それがダメとは言わないけれども、いざ生活者としての自分の思いに素直に向き合った時、「なぜこれにお金を払うのか」という心理的な動きが見えていなければ、事業者の押し付けになりかねない。それはビジネスとして健全とは思えないし、そもそもそういうビジネスは成功の確度が低くなってしまいます。

だから僕らは、**自分が生活者だったら本当にそれを受容しうるか、なぜそれを買い求めるのかを精緻に捉えることを一番大切にしているんです。**このスタンスにおいて、アンケートを取るとかペルソナを設定するといったマーケティング的アプローチは大して必要ないわけです。

2. マーケティングの落とし穴

■既存のマーケティングの限界値

事業やそのコンセプト開発において、あるいは何らかの事業改善やプロモーションなどを行っていくにあたっては、マーケティングリサーチなどから入るのが定石ですよね。僕もコンサルタント時代、そのようなリサーチを数多くこなしてきました。

しかしながら、他社も得ることができるデータを基に作られた戦略やコンセプトは、どうしてもどこがやっても描けるものになりがちです。近年のコモディティ化された市場においては、せっかく作った新たな事業も差別化できずに埋没させてしまうかもしれません。そもそもマーケティングの理論とは、これまで起きた過去を定量的に説明してくれるものではありますが、未来に楔《くさび》を打ち込むことに寄与してくれるとは限りません。また過度にマーケティングを追求した結果、緻密過ぎるセグメンテーションに縛られ、もはや生活者に知覚不能で実感できない価値に陥ってしまったり、生活者の嗜好を顧みず、企業の道理を生活者に押し付けようとするなんてことも起こりえます。そして、前例主義的になりやすいが故に、新たな商品・サービスが生まれると（正確には同業や同規模のプレイヤーが参入すると）、突如同業他社から似たような商品・サービスが怒涛のように生まれ、同質的競争が勃発することもままあります。最近の電子決済サービスの群雄割拠はそのような背景も一因にあるのかもしれません。

イノベーションを追い求めても、マーケティング的発想を出発点としたり、マーケティング的枠組みで捉えようとするだけでは、なかなか見出せないわけです。

例えば、1990年代初頭、将来の携帯電話の普及台数の伸びを複数のシンクタンクが試算していました。当時は普及台数が100万台弱でしたが、10年後の2000年には多くて1500万台、少なくて500万台という予測だったそうです。しかしながら、現実にはこの予測をはるかに超えて6000万台もの加入数に達していました。当時、すでに日本人の2人に1人が携帯電話を持っていたんです。

シンクタンクのアナリストたちは、携帯電話はビジネスパーソンが使うものだと考えて、それを前提とした普及曲線を描いていました。ところが実際に爆発的な普及率を後押ししたのは学生だったんです。学生がみんな持ち始めたことで普及台数を底上げして、予測が大きく外れてしまった。

かつての携帯電話は、ビジネスパーソンがいつ何時でも顧客や会社と連絡を取り、働く時間の生産性を最大化するための手段だったわけですが、90年代後半には学生たちにとって友達との普段の取るに足りない会話を誘発する手放すことのできないコミュニケーションツールとなっていたわけです。

これはこれまでの価値と機会をベースにしたマーケティング的な予測がいかに当てにならないか、「価値のイノベーション」にいかに対処できないかを如実に示す事例です。「価値のイノベーション」とは「技術的イノベーション」に対するものです。そもそもイノベーションとは技術革新と捉えられてきましたが、今やイノベーションとは、技術は新しくなくとも社会に対して新たな価値をもたらすコトやモノを指していると言えます。

「価値のイノベーション」はマーケティング基点から生み出すことは非常に困難です。それらは生活者視点やさらに個人的な思いや動機に端を発するものから見出されるものと言えます。だからこそ、これまでのマーケティングだけに囚われない考え方や方法論が必要となってくるわけです。

■ヒット商品は、意外と1人の発意から

アメリカのスタートアップ企業の多くは、はるか先の未来や長期的なビジョンを描いていいます。それと同時に、「こんなのがあったら楽しい」「なんでこんな不便なんだ?」といった、個

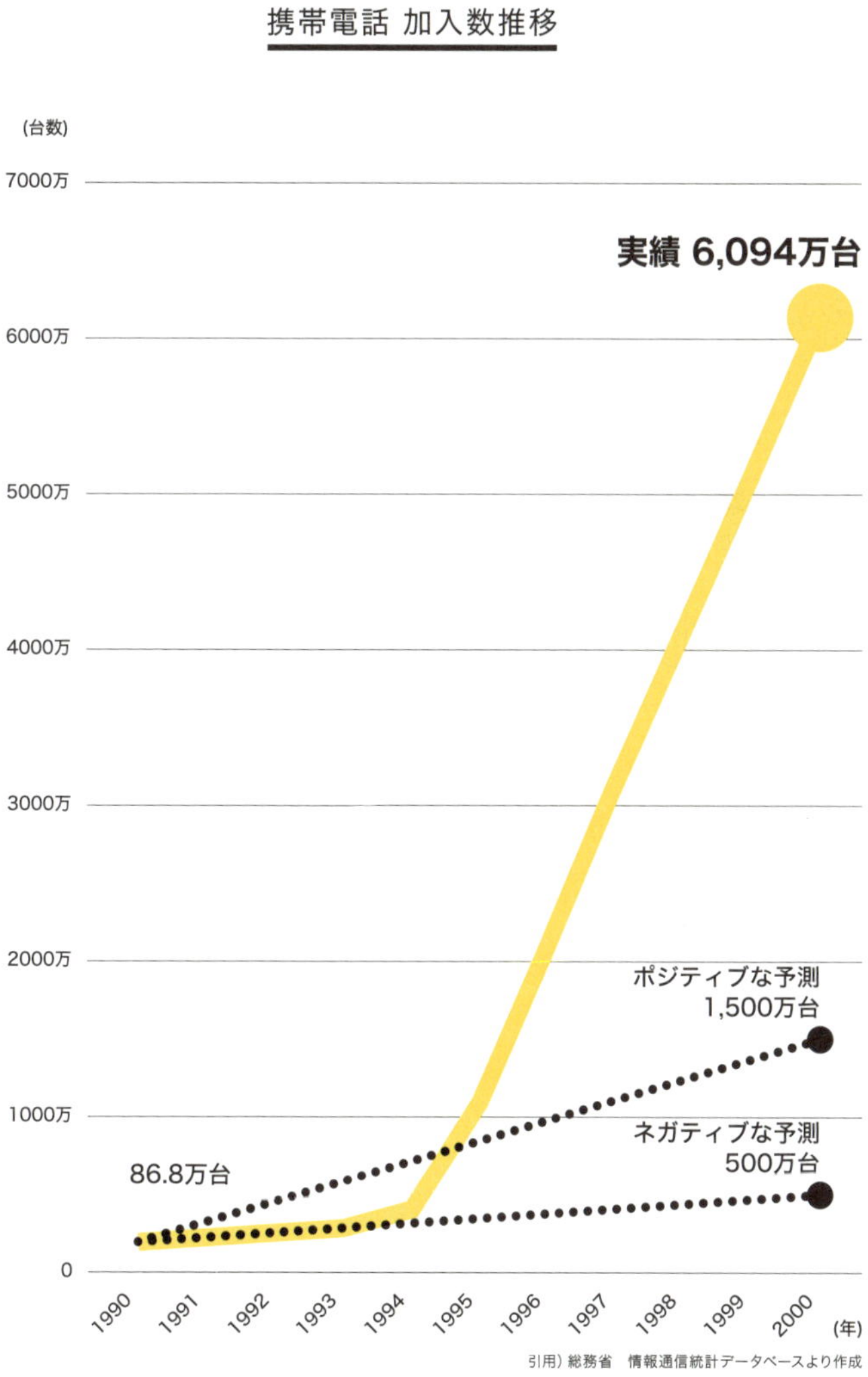
携帯電話 加入数推移
(台数)
7000万
6000万
5000万
4000万
3000万
2000万
1000万
0
実績 6,094万台
ポジティブな予測
1,500万台
ネガティブな予測
500万台
86.8万台
1990
1991
1992
1993
1994
1995
1996
1997
1998
1999
2000
(年)
引用）総務省　情報通信統計データベースより作成

人的欲求や現状への疑問がアイデアの源泉であったりします。DropboxもSkypeもFacebookも小さなきっかけと大きな夢が同居していたわけです。もちろんすべてのビジネスが当たるわけではないけれども、それでも大きなインパクトを持ちうるものを作ってしまうのは、それがマーケティング的発想からではなく、思いつきから始まっているからなんですね。

アップルのiPhoneも、当初マイクロソフトの幹部は「500ドルの電話なんて売れるわけがない」と高を括っていました。それは「欲しいかどうか」ではなくて「売れるかどうか」の視点ですよね。でもiPhoneはただの携帯電話ではなくて優れた情報端末として、価値の基準を転換した製品だった。だからマイクロソフトの予想を覆して世界的な、しかも爆発的ヒットになったわけです。そして、スティーブ・ジョブズをはじめとするアップルの開発者たちは、iPhoneのような端末があれば生活がもっと豊かになることを直感的に分かっていた。ここが両者の明暗を分けたわけです。

「自分が欲しいものを創ろう」という発意がそこにあるかどうか。その違いがイノベーションを生み出せる企業とそうでない企業を分かつような気がします。

マーケティングではないところから価値を生み出した事例は他にもあります。日本のスポーツドリンクの先駆けとなった大塚製薬の「ポカリスエット」（1980年発売）。最初は、飲みながら栄養も摂れる「飲む点滴液」のようなものがあったらいいな、という1人のアイデアから生まれたものです。後に「飲む点滴液」から「失われた汗の成分を手軽に補給できる飲み物」に改良され誕生したものですが、甘味、酸味、塩味いずれもほどほどで、要は味がはっきりしないがために、発売当初は誰もが売れないだろうと考えました。

しかし、製品コンセプトを伝え続けた結果、人気に火がつき今も続くロングセラーになりました。ポカリスエットはそれまでの清涼飲料の常識を打ち破っている、従来の価値と違うからこそ売れた、清涼飲料水の新市場を作り上げることに成功したのです。

こうした事例はいずれもマーケティング的な裏付けはありません。そもそも裏付けの取りようがない。なぜなら、市場分析をしようにも市場そのものがないからです。ターゲットのニーズを汲もうにも、その時点ではターゲットがいない。マーケティング発想だけでは限界があることが分かります。「こんなのあったら面白そう」「あったらいいな」という素朴な発意が功を奏したケースは意外と多いものです。

■生活者不在のコンセプトはお題目に終わる

僕らは、様々な企業の方々からコンサルティングの依頼をいただきます。すでにコンセプトが決まっているプロジェクトもあるのですが、その中で「○○シナジー」とか「ＩｏＴ×○

○」といった言葉が出てくることがあります。ある意味でダイナミズムを感じるコンセプトとも捉えることができるし、ともすればお題目に陥りかねないマジックワードと言えるかもしれません。

例えば、「ロボット×介護サービス」というコンセプトを設定して、介護サービスをするロボットのプロトタイプをある企業が作りました。ただ、無理矢理くっつけた感がどうしてもあったんです。「これをどうにかして売りたいです」と相談されても、僕としては「値段を考えると、正直言って要らないなあ」というものでした。そこで、先方の担当者に「あなただったら買いますか?」と聞いたら「買いません!」と(笑)。値段が高すぎるし、できることも限られている、そもそもそこまでの仰々しいものは必要ないと。だとしたらもう答えは出ているわけです。現状ではまだ製品に磨きがかかっていないということです。コストを下げる工夫も必要かもしれない。あるいは、そもそもそのコンセプト自体を疑った方がいい。とても単純な話なんだけど、生活者としての自分に問いかけてみるということをしないから、「いいものを作ったのにどうして売れないんだろう」と、売れない理由が市場にあるかのように錯覚してしまう。だからマーケティングに頼って、市場にフィットした販売方法を(そういうものがあるとして)探ろうとするわけです。

時として作り手は、自分は全く要らないにもかかわらず、あるいは誰に向けたいかもはっきりしないまま商品やサービスを作ってしまいます。特に日本の企業はプロダクトのローンチ数が多いので、結果的にマーケティングで迷走するケースが後を絶ちません。

■そのペルソナは誰なんだ？

もう1つよくあるのがペルソナに振り回されるパターンです。多くの企業は商品開発に際して、ユーザー像を想定するためにペルソナを描きます。例えば、「自分のモノ・サシがはっきりしていて、好奇心が旺盛。朝ヨガをしてから会社に行き、会社でいきいき働いているけど、ダブルワークもしている。夜は資格を身につけるために自己研鑽に勤しむ30代の女性」――こういうペルソナを設定するわけです。

でもここまで意欲旺盛な人は、残念ながら僕の周りでは見たことがありません。探せばどこかにいるだろうけど、はたして何人いるのだろうか。そもそもこんな人なら自分のモノ・サシでモノやコトを選べるから、こちらが用意したカスタマージャーニーマップ（顧客の行動のシナリオ）など関係なく自分に合ったものを選択するはず。たしかにこのペルソナのような人物は、みんなの憧れの的ではあるかもしれません。しかしながら実際には、このような生活や精神性に憧れながら、意欲的に活動する時もあるけど、悩んだり、時としてだらけたりするヒトの方が実在していそうな気がします。ペルソナで描かれた姿に対してリアリティを突きつけた時、違う思考や視点が生まれるはずなんです。

ペルソナというものはリサーチにおける母集団（N）の要素を定性的に要約したような側面があります。千人とか1万人を対象とした大規模な調査を仕掛けたところで、平均的な人物像は浮かび上がるにせよ、それが誰なのかリアリティをもって見えてくることはないし、その代わりとしてのデプス調査やインタビュー調査でも消費者の行動の裏側にある心理的な構造を理解することは難しい。

だって自分がお昼に食べるものを、論理的に考えて導き出す人なんてほとんどいないでしょう。「今日はカツ丼が食べたい気分だな」とか「今日は蕎麦でも食べようかな」といった具合に、何となく決めることが多いはず。なぜカツ丼なのか、なぜ蕎麦なのかを本人が本質的に理解できているとは限りません。その日着る服だって「なんとなく選んだ」「そこにあった」という理由だったりするわけです。

行動経済学でもよく指摘されることですが、そもそも人間はそれほど合理的な判断で行動しているわけじゃないんですね。**人が生活を営むということは、その日の気分や体調、たまたまあった出来事などと折り合いを付けていくことでもあるので、なりゆきや思いつきで動くという不合理性こそが合理につながる。**すなわち、顧客の心理の分析や行動シナリオの設定は不可能ではないにせよ、極めて困難であると言わざるをえないと考えています。

要するに、仮想の人物をペルソナに設定したところで、結局はその仮想人物の情報にリーチできないし、そもそもそういう人物が本当にいるかどうかも分からない。ペルソナを想定することはある種の危険を孕《はら》んでいます。最近AIが生み出したこの世に実在しない人物写真が話題となっていますが、この世に存在しない人物のペルソナということもありえるわけです。

だからこそ特定の個人の発意というものが非常に大切です。直感を基点に組み上げたロジックから仮説を立てて、マーケティングに展開していくという順番の方が、マーケティングを基点に仮説を生み出すよりも絶対的に可能性がある。これはスマイルズが実際に事業を展開する中で確信していることです。

■生活者としての自分を基点にする（N＝1）

既存のマーケティングに限界があるとするならば、はたして何が大事なのか。マーケティング以外の方法論で消費者の欲求や心の動き、商品選択の着眼点、購買のポイントといったものを精緻に捉えるためにできること。その足掛かりになるのが、他ならぬ自分自身だと考えています。

生活者としての自分を基点にアイデアを生む。そのための方法論が「N＝1」ということなんです。「自分の好みや思いつきで企画するなんてテキトーすぎないか？」という声も聞こえてきそうですけど、それでいいんです。それくらい肩の力を抜いて、凝り固まったロジカル発想から自由でなければ新しいものは生まれません。

繰り返しになりますが、モノがあふれ、売れない時代、分析的手法で導き出した微小な部分の差別化はもはや価値になりにくい。**いま企業が取り組むべきは、マーケティングに代表されるサイエンスやロジックによるアプローチと相反する、生活者の実感や感性、思いつきといった一見いい加減だが、たしかに存在する手法で（僕たちはこれをクリエイティブと呼んでいます）、既にある価値の位相をスライドさせる、市場のルールを変えること。**僕はそれを「市場盤面を変える」という言い方をしていますが、それが思いがけず面白いものを生むきっかけになります。

そうやって新たな視点で顧客の体験価値を引き上げ、顧客と特別な関係を結ぶことが重要です。「なんとなくこのお店に行きたくなる」「このブランドはなぜかいつも自分に合った商品を作ってくれる」という具合に、他とは違う特別な存在と見なされることで、顧客との間に永続的で強固なつながりが培われるのです。

■市場盤面を変えた事例　～イノベーションは半歩下がる　iPhoneとiPadの場合～

昨今のヒットの事例を見ると、生活者の視点に立った商品やサービスを創出して、その結果ルールチェンジを果たした（市場盤面を変えた）ケースが多いことに気付きます。

先ほどお話ししたアップルの例で言うと、iPhoneの最大のイノベーションは、自らを

「Ｐｈｏｎｅ＝電話」と名乗った、そのネーミングにあると僕は考えています。

タッチパネルをはじめとするＵＩ（ユーザーインターフェース）も、機能やデザインからもたらされるＵＸ（ユーザーエクスペリエンス）も素晴らしいのは事実です。でも一番のポイントは、その存在を電話に従属させたことでしょう。iPhoneはそれまで世に出ていたどの情報端末とも違う革新的な製品であったけれども、自らを電話と規定したことでリファレンス＝消費者が理解できる比較対象物と重なる製品であることを示唆しました。それにより、ユーザーが“全く新しい何か”としてiPhoneと対峙する戸惑いや不安感を払拭し、“新しい時代の電話機”として手に取りやすい雰囲気、もっといえば製品に入り込む余地を生み出したわけです。だって使いこなせなくてもさいあく電話機ですからね。もし別の企業がアップルより先にこの製品を生み出していたら、「これはもはや電話ではない何かだ」的なことを言ってしまいそうです。

つまり、iPhoneを**全く新しいものとは言わずに、半歩下がって既存の電話機の市場盤面を変えたということ。リファレンスを通じて消費者に対して取り付く島を提示した。**そのお膳立てに乗って使ってみて、ユーザーは初めて分かるんですね、「これはもはや電話ではない」ということが。「通話できるからたしかに電話機なんだけど、ネットもメールもできて、いろんなアプリも楽しめる。これ、すごい！」って感動するわけです。その感動の先に、「もうこれを手放すことはできない」「これなしの生活は考えられない」という強い愛着が形成されます。

製品自体の革新性もさることながら、それをあえて前面に押し出さず、携帯電話との差異を際立たせることで電話機市場を新しい価値で塗り替えていった周到さの勝利でもあったということです。

ちなみに、アップルはiPhoneの後に、タブレットパソコンのiPadを2002年に発売しました。ざっくり言えば、iPhoneの電話機能がないものがiPadです。これは1993年にアップルが発売した「ニュートン メッセージパッド」というPDA（携帯情報端末）と設計思想としては近いんです。ニュートンは全然売れなくて、アップルの身売りがささやかれるほどの損失をもたらしました。その大失敗の製品と似たものでありながら、iPadが売れたのはiPhoneがあったからです。iPhoneという価値を踏んであげたからこそ、市場は違和感なく入っていけたわけです。

これも、もし発売の順序が逆だったらきっと今の状況はなかったでしょう。生活者に対して製品を受け入れてもらうための文脈上の道標をちゃんと作ってあげた。全く新しいものにしなかったから消費者が理解できてついて来ることができた、そしてPDA市場の価値を刷新したという売り方の妙があったんです。

イノベーションは半歩下がる

“今までにない何か”
ではなく
既視感ある価値に軸足を置く

iPhoneはまず
“電話”であった

PRIUSはまず
“ガソリン車”であった

NEWTONは
“新しい何か”であったが
“これまでの何か”ではなかった

3. スマイルズが実践する3つのアプローチ（手法）

スマイルズがクリエイティブやブランディングに関して大切にしている手法や考え方を簡単に紹介します。

- **課題設定が肝**
- **「N＝1」を基点とした発想**
- **「関係性のブランディング」による市場の分析**

この中で、一番重要なのが課題設定です。自分たちはどうしていきたいか、どこを目指したいのか、新しい課題、つまり最初の地図を見つけにいくことが大事だと考えています。今までなかった課題を設定することができれば、自ずと新しい解決策は見つかると考えています。そして、課題設定をするための手法が「N＝1」を基点とした問題発見や気付きや発想であり、「関係性のブランディング」による市場の分析です。

「N＝1」と「関係性のブランディング」の順番はどちらからでもかまいません。本書では、「N＝1」→「関係性のブランディング」の流れで説明しています。

後で詳細をお話ししますが、ここでちょっとだけ言葉の説明をしておきます。

■問題発見も、課題設定もアイデアも。すべては「N＝1」から始まる

イノベーションの創出、新規事業のアイデアを生み出したり、今の自分たちのコアの事業をアップデートしたりする上では、これまでのマーケティング的な方法論へのこだわりを一度捨てて、相反するルートから価値を追求していくと全く新しい視点が開けます。

「分析」ならぬ「直感」。
「理屈」ならぬ「感性」。
「ロジック」ならぬ「思いつき」。
「自然科学」ならぬ「自然哲学」。

これらをひっくるめたのが「N＝1」という考え方です。

よくリサーチの際に母数（Ｎｕｍｂｅｒ）としてNという表記を使いますよね。マーケティング上では、このNは多ければ多いほど有意といわれますが、こと問題を発見したり、今まで

にない課題を設定したり、新たなアイデアを見出す上では僕は全く反対の立場を取っています。発想の基点としてのNは1であるべきだと。

スープストックトーキョーは創業者・遠山正道の「ファストフードってなんでこうなっちゃうの?」という気付きや、「アレルギー体質の娘が安心して食べることができるモノがない」という至極個人的な視点から始まっています。世界有数のデータストレージサービスDropboxも創業者のちょっとしたデータにまつわるトラブルが事業を興すきっかけとなりました。

生活者としての感覚を基点に事業を構想する「N＝1」の視点は、もちろん自分でもいいし、自分以外の身近な誰かでもいいんです。親でも構わないし、自分の彼氏、彼女、パートナー、あるいはお子さんでも構わない。友人だっていいでしょう。ただ少なくとも特定の誰かとしてNを想定し、できるだけ具体性を持たせることが重要です。

そのためには、**自分自身の経験を明確に捉えることが、まずは重要です。アンケート調査で千人のことを朧気《おぼろげ》に理解するのではなく、特定の個を深く知ること。自分が何に興味を持ち、何に心を動かされ、どんなものならお金を払ってでも手に入れたいと考えるのか。それを突き詰めるということです。**

これはコンセプトとしては決して斬新なものではなくて、カリスマ的な創業者は案外、自分基点で物事を発想するということをしています。思いつきでモノをいうとか、よくいわれますよね。本田宗一郎さんしかり、井深大さんや盛田昭夫さんしかり。昔からあったけれども、マーケティングという理論が極度に高度化していったことによって、それが〝見えない化〟されてしまったのが今なんですね。だからこそ活路があるというわけです。

この「N＝1」は4章で紹介します。

■新しいマーケティング、ブランディングの手法に有効な「関係性のブランディング」

今の時代、全く新しい市場を作るのは難しいかもしれません。しかし既存の市場であっても、盤面を組み替えること、ルールをチェンジすることで新しい価値を創ることは十分可能です。古い市場だからといって諦めることはありません。硬直化し、コモディティ化した市場でこそ顧客との新しい関係値を築くことが求められます。その際に、「関係性のブランディング」という考え方が威力を発揮します。

これはこれまでのブランディングの概念とは少し違う視点から、そもそも顧客との関係性にはどのようなものがあるのか、個別の関係性を築くにはどんな戦略を取りうるかを考えるためのフレームワークです。「関係性のブランディング」は5章で詳しく説明します。

その前に次章ではスマイルズがどういう手法で事業を展開しているのか、スープストックトーキョーの秘密のひも解きを中心に紹介します。

本書の読み方

1章 コモディティ化された市場においては既存のマーケティングの限界値がある

↕ スマイルズの場合

2章 スマイルズの事業開発プロセス

6章 スマイルズのブランディングの考え方
コラム：クリエイティブのたしなみ

↓ 方法論

（問題・課題・解決策の整理をしたい）

3章 課題がユニークならアウトプットはユニークになる
コラム：ナインセル

（イノベーション創出やアイデア発掘方法を知りたい）

4章 顧客志向く自分思考 すべてはN＝1から始まる
コラム：予兆分析

（新しい市場の枠組みやブランディングの手法を知りたい）

5章 これからの市場の捉え方「関係性のブランディング」

7章 実践編 本と出会うための本屋「文喫」の事例

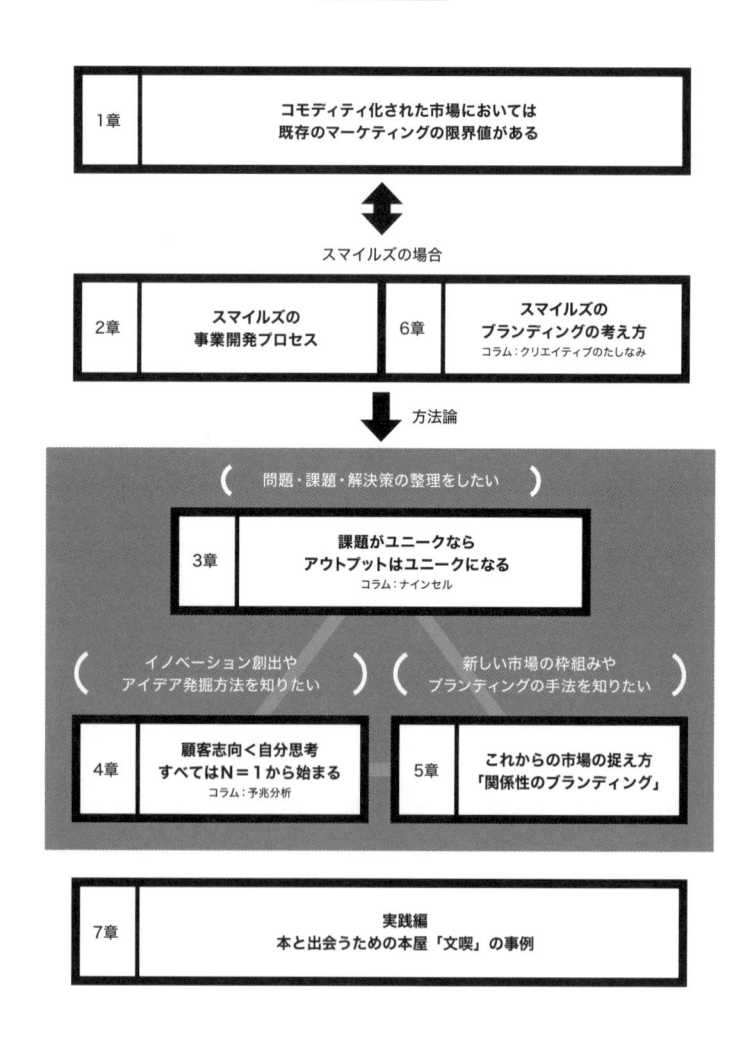

2章　スマイルズのクリエイティブ

1.シーンをイメージすることから始まったスープストックトーキョー

■スマイルズのビジョンは「世の中の体温をあげること」

スマイルズでは飲食からファッション、本屋のプロデュースまで、様々な事業をやっています。「何の会社かよくわからない」なんてお声をいただくこともあります(笑)。全てに通底するのは「**世の中の体温をあげる**」という理念です。

僕らがお客様に提供するのは、ほんのささやかなものです。それは一杯のスープであり、のり弁であり、ひょっとすると一本のネクタイであるかもしれない。あるいは家族と過ごすレストランでのひととき、恋をするように本と出会ってしまう瞬間かもしれません。

日常の一部に過ぎないけれども、そこにたしかな喜びや幸せが感じられて、優しい気持ちになる。いつもと景色が違って見える。そして、そこで得られたちょっとした高揚感を誰かと共有したくなる——。そんなふうに、お客様やその周りの人々の気持ちを動かして、世の中の体温をあげていきたいと考えています。

■働く女性がほっと一息つけるスープを

スマイルズの事業で特によく知られているのは、食べるスープの専門店である「スープストックトーキョー」でしょう。2019年4月現在、全国60以上の実店舗とオンラインショップを展開しています。

化学調味料に頼らず、じっくりと手間隙かけた調理で、素材本来の味わいを楽しんでもらうというのがコンセプト。季節ごと、週ごとにメニューが替わります。都市部のエキナカなどに多く出店しています。

創業は1999年。ちょうど女性の総合職が目立ち始めたころです。丸の内などのオフィス街ではまだまだ男性中心社会。そうした環境に揉まれながらもひたむきに頑張る女性が増える一方で、そういう女性がお昼の休憩時間などで過ごせる居場所が、当時あまりなかったんですね。女性にとっては、牛丼屋さんやハンバーガーチェーンではちょっとくつろげない人も多いでしょう。かといって、毎日イタリアンやフレンチのレストランに行くのは、金銭的にも時間的にも難しい。移動時間のことも考えると、ランチに割ける時間は実質30分程度ですから。ならば、スープの専門店があれば喜ばれるんじゃないかと考えたのが事業の発端です。

スープは熱いのですぐには食べられません。ある程度の時間を費やさないといけない。つまり、その時間だけは自分に向き合うことができるわけです。普段の忙しい毎日の中で緊張やストレスから一時的に解放されて、素の自分に返れるような、その人のためだけの時間を作れるという可能性がスープにあるんじゃないかと考えました。

だから、単に「女性受けしそうなスープを提供したら当たるんじゃないか」とか、そういうマーケティング的な思想ではなくて、シーンや状況をイメージすることから始まったわけです。すでに話したように、僕らはシーンや状況を妄想して、そこから事業を始めるのが基本的なスタンスで、スープストックトーキョーはまさにそれを体現しています。

スープストックトーキョーの店舗

スープストックトーキョーは1人の女性がスープをすすって、
ほっと一息つくシーンが思い浮かんだことから始まりました。

2. スープストックトーキョーの秘密

■なぜスープカップは縦型なのか？

スープストックトーキョーのこだわりは、スープの味や食材だけでなく、スープを入れるカップやスプーンにも及びます。例えば、スープカップは植木鉢のようなカタチの縦型です。本当はラーメン鉢のようなカタチの方が液面が大きく見えるため、分量が多く見えてお得感が増すんですが、あえて縦型にしている。なぜかというと、液面が小さい方が冷めにくいとか、小さな手でもカップを持ちやすく食べやすいということもあるのですが、それだけではありません。スープストックトーキョーのお客様のうち、9割を占める女性のお客様の**「本音と建前」**に配慮しているからです。女性の場合、たくさん食べたくても大っぴらには頼みにくい。特にランチでのご利用の場合、食べている姿を同僚や上司に見られる可能性だってあるわけです。

そこでカップを縦型にしました。量はいっぱい入るんだけれども、見た目はそれほど多く見えません。おなかは満足させたい、でも食べている姿は品よくありたいという本音と建前を担保しているわけです。

なぜ
スープカップは
縦型なのか？

一番
食べられる
脇役はなに？

■ごはんVSパン

また、スープのお供にごはんを選ぶか、それともパンを選ぶかということも、本音と建前が影響していると思います。

これまで店舗がなかったエリアに新規出店すると、最初の1年目は大体7割のお客様がパンを選ぶんです。ところが2年目になると7割のお客様がごはんを選ぶようになるんですね（最近では玄米ごはんを提供する店舗も増えたので、この割合は少し変わりつつありますが）。要は、初めてのお客様は、「スープにはパンが合うはず」と考え、パンを選択されることが多いのですが、お店に何度かご来店するうちにごはんに移行する方が増えるようです。この変化の根本には日本人のごはん好きがあるんでしょうけど、同時にスープというメニューのカロリーの低さや健康的なイメージも関係していると思います。「今日はスープだからごはんを安心して食べられる」ということなんでしょうね。スープストックトーキョーは、お客様にとって安心してお米を食べることができる場所と言えるかもしれません。

■本音の価値と建前の価値

日本人の考え方では「建前」はネガティブな意味で捉えがちですけど、むしろそれは大切なことです。特に飲食や小売のようなビジネスでは本音の方だけを重視することが多いけれども、建前がちゃんと成立していないと本音に行き着かない。なので、僕らは「**本音の価値**」と「**建**

前の価値」を見極めて、建前をちゃんと叶えながら本音に応えることを目指しています。

それには、生活者になったつもりで心の揺れ動きを捉えていかないといけない。アンケートでは建前はいくらでも出てくるけれども、本音は出てきません。「ヘルシーな食生活を心掛けている」と答える人も、案外スイーツは別腹だったりする。でもそうは答えませんよね、きっと見栄があるから。

そういう心理はリアルに考えたら分かることだと思います。僕自身アンケート調査となると、ついつい背伸びをしてしまうことがあります。すごく微細な部分にも思えますが、それはすなわち価値の源泉になる。**生活者が言っているニーズは建前であるかもしれないことをふまえて、その裏にある心理も含めて、ちゃんと捉えきらないといけないわけです。**例えば服を買うときも、純粋にその服のデザインや機能を評価している部分と、同時に「これを着たら私はどう見られるだろうか」と考えている部分もある。細かく入り組んだ思考が、その人の中で交錯しているはずなんです。

建前やいろいろな周辺の情報も取り込みながら1つのニーズが形成されているので、そこをうまくすくい取って、気持ちよく購入していただく。**いわば〝文脈〟を作ってあげることが重要で、それを実現するものこそ「N＝1」の考え方といえます。**この文脈作りに関しては3章で詳しく説明します。

■すくい心地、食べ心地、抜き心地にこだわったスプーン

スープストックトーキョーではとにかくスープをおいしく味わってほしいという思いから、スプーンも独自のものを自前で開発しました。

創業から17年間は柳宗理*さんデザインのスプーンを使っていました。日本を代表するプロダクトデザイナーが手掛けたものですから、そりゃもう素晴らしいスプーンなんですが、どうもうちのスープにはイマイチしっくりこない気がして。デザインでは柳さんを超えられるはずないということは承知の上で、僕たちのスープにぴったりのスプーンを作って、最高の食べ心地を実現しようということで研究を始めました。

研究といっても、日本中からスプーンを集めて、社員と一緒にただひたすらスープを食べまくるというもの。徹底的に食べまくって、それぞれのスプーンのどの部分がどんな効果をもたらしているか、ひたすら記録していきました。

食べ続けているうちに発見がありました。「一つひとつのスプーンは、見た目は同じでも食べ心地が全然違う」ということ。

スープストックトーキョーのスープは〝食べるスープ〟というだけあって、具材が大きいものが多いので、食べる時は、スプーンを口の中に入れてから口にぐっと力を入れて具材を口の中へ引っ張り込む必要がある。その時、スプーンの立ち上がっている縁の部分が口角に当たることがあって、それが違和感の正体だったんです。また、最後に口から抜くときの感覚がスム

＊柳宗理：日本を代表するプロダクトデザイナー（1915～2011）

ーズであることも大事で、それが満足感を高めることも分かりました。食べ続けたことで、そういうことに気づいたんです。

これは心理学の分野でも指摘されることで、最後がポジティブな状況で終わると、満足度が上がるそうです。いわゆるピーク・エンドの法則*ですね。最初の感動と最後の心地よさが食事全体の満足度を高めると考えると、スプーンの抜き心地が悪いと、スープのおいしさまで損なわれてしまうかもしれない。ということで、スープのすくいやすさはもちろんのこと、食べ心地、抜き心地も重視してスプーンを作っていったわけです。

実際の作り込みは、金属加工で有名な新潟県燕三条の職人さんにお願いしました。「すっと抜ける感じ」とか「この部分は心持ち低く」とか、口頭で細かい注文をしたんですけど、さすがに経験豊富な方々なので僕たちの意図をすぐに汲んでくれました。研究の甲斐あって心地の目標値も完全に定まったので、4回くらいの試作で完成に漕ぎつけることができました。

だから、このスプーンは心地よさを追求した感覚を構造化したデザインと言えるかもしれません。

スープストックトーキョーは「おしゃれなお店」と言われることがありますが、見た目の良さやスマートさは結果として付いてくるものであって、おしゃれを目的として何かをやってい

*ピーク・エンドの法則（peak–end rule）：人は自分が経験したことを、感情のピーク（絶頂）時と出来事のエンド（最終局面）の印象だけで判断するという法則

ることは1つもありません。食べている所作や光景を見られて恥ずかしくない（あわよくば絵になる）ことを目指していることも1つにはありますが、さらに細かなお店における体験にも気を配っています。スプーンにおいても、イケてるデザインを目指したわけではないということです。

ところで、そんなふうに意図を持っていれば、やっぱりお客様はわかってくださるんですよね。普通は飲食店のスプーンなんて誰も気にしないものですけど、僕らのスプーンは気付く人はTwitterとかでめちゃくちゃ語ってくれていたんです。ちょっとコメントを拾ってみます。

「スプーンが驚くほどスープをつかんで離さない優れものだなぁって思って、彫ってある文字みたら、Spoon for soupって。さすがスープ専門店ですな。欲しい」

「スプーンがとても使いやすくてびびる」

「秀逸だと思う。スープも大きな具もしっかりすくえる丁度良い大きさで、先が少し平らになっているの。器に沿わせて具やごはんをすくうのにぴったり。そして、スプーンが口から離れる時の感じがスッとして驚く程なめらか。スープを食べるという動作の中、ストレスゼロ」

「本当にスープのために作られたスプーンで、ものづくり関連に行く人にはぜひ見て使ってもらいたい。使いやすさに感動した」

といった具合に、食べ心地に感動して分析までしてくれたりするわけです。結果的にその

Spoon for soup

こだわったのは3つの心地
“すくい心地”“食べ心地”“抜き心地”

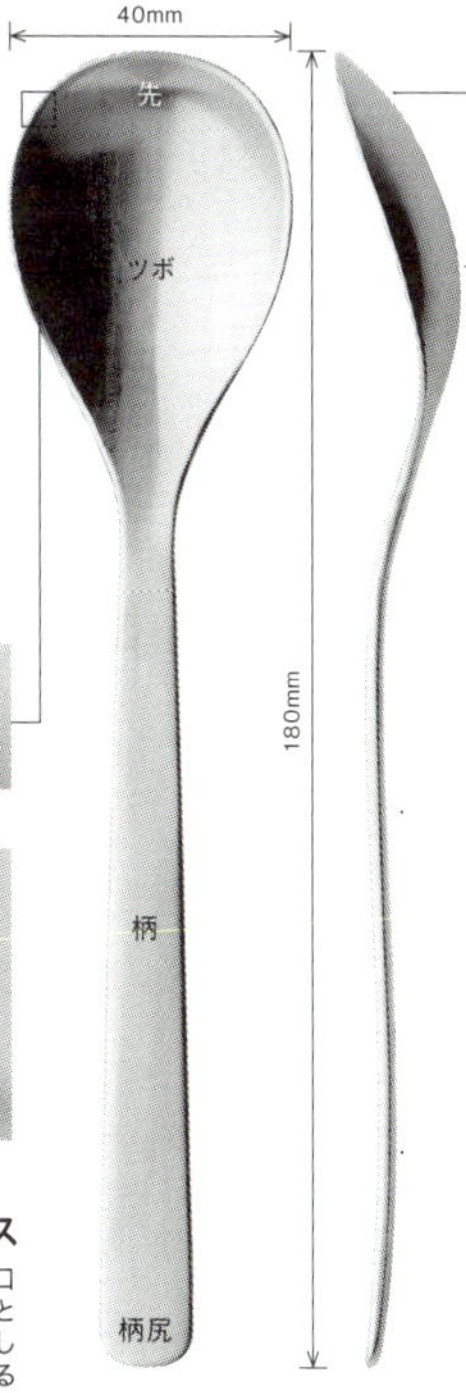

涙型が決め手！

通常よりも先のカーブを平らにすることによって、大きな具材を切りやすく、またカップに残ったスープも最後まですくいやすくなりました。

滑らかヌケ感

ツボの一番深い部分を通常より奥の柄に近い部分にし、先に向かって浅くすることでスプーンを口から抜く時の滑らかさにこだわりました。

ストレスフリーエッジ

通常は立ち上がっている縁の部分を寝かせることによって、口に出し入れするときに口角にひっかからないようにしました。

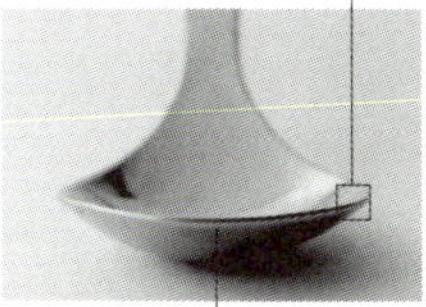

スムースリリース

先の中央を低くし、口からスプーンを出すときのヌケを良くしました。幅は少し広くすることによって、すくう量は減らないようにしています。

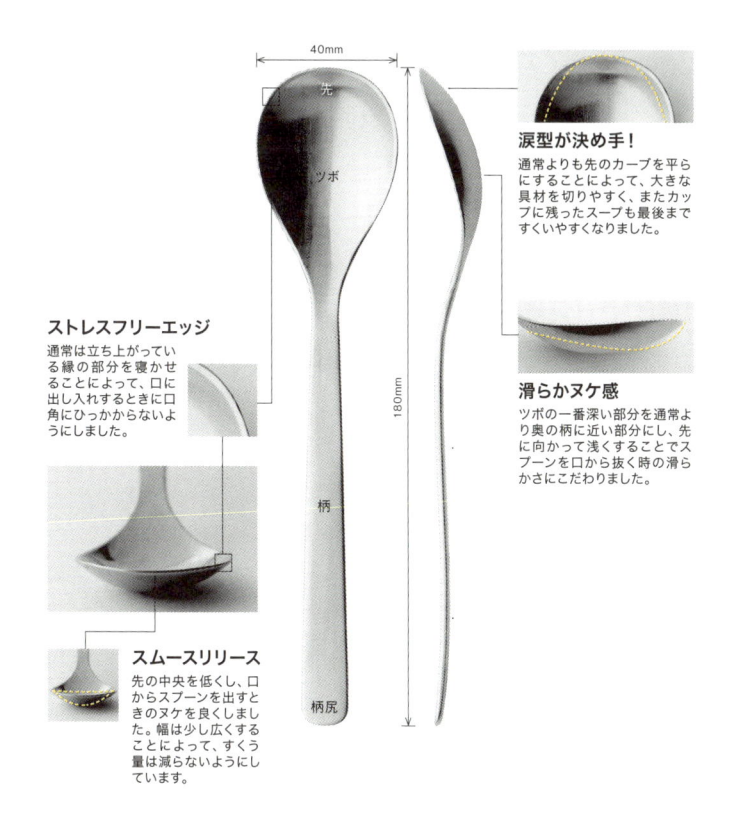

方々が伝道師となって、価値をさらに広めてくださるんですね。狙った通りの価値をお客様が受け取ってくれているのは、僕らが実際にスープを食べまくるという肌感覚から出発したがために、スプーンの形状の細部にリアリティがあったからだと思います。

スープというど真ん中の価値ももちろん追求するんですが、カップやスプーンといった微細なところが価値を底上げしてくれる面もある。こういうところもスープストックトーキョーの根強い人気の理由ではないかと考えています。

■スープのない1日!? 「カレーストックトーキョー」

2016年からは「カレーストックトーキョー」というイベントをやっています。年に1日だけ、カレーだけを提供して、スープがお店からなくなるというものです。まさに「スープのない1日」。餃子屋さんでいえば「餃子のない1日」、ハンバーガー屋さんでいえば「ハンバーガーのない1日」。その当たり前への大胆な裏切りが大きな反響を呼びました。

もともとスープストックトーキョーは、創業者・遠山正道が描いた「スープのある1日」という小説のような1つの企画書から始まっています。これはその裏返しで、スープは一切出さずに、この日だけ全店「カレーストックトーキョー」に切り替わります。

カレーストックトーキョーは、当時エリアマネージャーだった橋本君の思いつきから始まったものです。「カレーもこだわって作っているのに、気づいてくれる人が少なくてかわいそうだ」というある種のカレーへの慈愛の心から生まれました。実は、普段からカレーは提供していて、メニューが9～10品ある中の1～2品はカレーなんです。でもそれを3品くらいに増やしたいと、橋本君は言ったんですが、いやいや、どうせやるならお店をカレーでジャックしてしまおうということで、全品カレーにしてしまった。そういう日です。

反響はものすごくて、当日はどっとお客様が増えました。しかも、その後2カ月ぐらいはカレーのご注文が普段よりも伸長したんです。結果的に売り上げも大きく伸びたわけですが、これほどカレーファンが多かったのかと実感して、その期待に応えるためにも毎年恒例のイベントになっています。

ある種のお祭りみたいな感覚ですよね。「え、スープのない1日ってどういうこと?」「何か楽しそう」と、お客様が近づいてきてくれた。新しいお客様もいましたし、この日を待ち受けて、怒涛《どとう》のように出てくる様々なカレーを全部食べるぞ!という常連さんもいらっしゃいました。僕の友達のカレー大好き人間は、奥さんを連れてまで行って、1日で10種類を全部制覇したそうです。お店のスタッフに聞くと、そういう方は結構多かったようです。この日は僕らも楽しいのですが、お客様も楽しんでくださっていました。

もう1つ言うと、これまでスープストックトーキョーは女性のお客様が多いこともあって、男性からすると取っつきづらいという側面もありました。ブランドとして、ちょっと手を出しづらい。ブランド自身が誠実で真面目そうで、だらしないことしたら怒られそう、みたいな感覚かもしれません。でも意外とこんなイベントをやっちゃうんだ、という新たな一面をお見せできたことで、ブランドの見え方が変わって男性のお客様も多くいらっしゃいました。男性にとっても取り付く島が生まれたということなのかもしれません。

期間中は、「サムシングイエロー」というキャンペーンも行っていました。何でもいいから黄色いものを持っていくと、〝ちょっといいこと〟があるんですが、例えば洋服にほんの一部でも黄色があればもうＯＫなんです。ほとんど無理矢理ですよ。お客様がアピールするケースもあれば、スタッフが「うーん、金色は……ほぼ黄色ですよね（笑）」とか自分に言い聞かせるようにしながらお客様とコミュニケーションを取っている。

お客様とスタッフがすごく前向きに、ちょっと無礼講感もありながら楽しく関与できる状況が作られたわけです。非日常的、祝祭的な、ハレの感覚を共有することで、お客様との距離がいっそう縮まっていくんですね。

■週末のご褒美のためのオリジナルビール

スープストックトーキョーではビールも提供しているんですが、スプーンと同様、これも自前で開発したものです。

そもそもは、うちのデザイナーの北山さん（彼女は大のビール好きなんです）が「ビールを造りたい」と言い出したことにあります。当初は市販のビールのみを出していたんですけど、

カレーストックトーキョーは 2016 年より毎年恒例企画となっている

1人のデザイナーの想いから生まれた「瓶のビール（酵母のピルスナー）」

スープもカップもスプーンも独自性を追求しているのに、これだけ借り物じゃないかと。ドリンクだって原液から自分たちで作ってるんですよ。なのに、ビールだけが浮いているように感じると言うんですね。

普段はランチで利用されているお客様の中には、週末には1週間頑張った自分へのご褒美としてビールを注文されるケースも多いんです。その1杯のビールに僕らとしてももっと思いを込めるべきだし、優しい味わいのホワイトエール風味のビールなら女性でも飲みやすく、スープにも合うんじゃないかと、まあそんなことをプレゼンで泣きながら北山さんが熱弁しまして。その熱量に押されつつ、たしかに頷けるものがあって、開発が決まりました（最初の頃は僕すらも優先順位が低い！とダメ出しをしていたんですけどね）。

これもまた2年くらいかけて、アウグスビールさんと一緒に造ったんです。北山さんはビアソムリエの資格も取って奮闘しました。

僕が書いたコピーは、「それは小説のようなビールです。」というもの。小説を読んでいると、そこに陶酔して、物語の世界に潜り込んでいく感覚があるじゃないですか。それと同じように、この1杯が自分だけの世界を作ってくれる、そんなビールでありたいという願いを込めました。パッケージデザインは普段、小説などの装丁を描いている方。ビールの中で女性がくるくる踊っているイメージで仕上げて、そういう一続きのストーリーを紡いでいきました。

価格は単品で680円（税込、2019年8月時点）と、やや高めであるにもかかわらず、好調に売れています。だから、北山さんの指摘は正しかったんですね。お客様が週末にやって来て、1人でほっと一息つくというシーンのためには、この味が必要だったということです。

■たった1人の「なんでこうなっちゃうの?」から事業が始まる

スープストックトーキョーの他にも、スマイルズでは様々な事業を展開しています。大きく2種類あって、1つはスープストックトーキョーのように自社で開発・運営する「自分事業」、もう1つは他社の事業のコンサルティングやプロデュースです。

どの事業でも基点にあるのは「N=1」という考え。自分がお客様だとしたら、「こういう商品がほしい、こういうサービスがあるとうれしい」という欲求や、「なんでこうなっちゃうの?」という憤りなど、一生活者としての思いつきや、発意・小さな不満が出発点です。

前にも話しましたが、マーケティングでは一定の母数を対象にリサーチが行われ、母数は多ければ多いほど有意とされます。すなわち、今の日本のビジネスシーンではNの値が千とか万の単位で求められるわけですが、**僕は自分自身の生活者の感覚を徹底的に掘り下げるという意味で「N=1」こそが重要だし、むしろこれからの価値は「N=1」を前提とした探求からしか生まれないとさえ思うのです。**

「N=1」のコンセプトが何を生み出すのか、「N=1」を実践するにはどうすればいいのか。事例やティップスを交えつつ、次章以降で詳しく説明します。

Smiles: スマイルズ・スープストックトーキョーが展開するブランド事業たち

NEW RECYCLE

Pass the Personal Culture.
Pass the Baton.

PASS THE BATON

セレクトリサイクルショップ
PASS THE BATON

モノではなく、モノの背景を売る。
出品者と購入者の想いをつなぐ。

Soup Stock TOKYO

食べるスープの専門店
Soup Stock Tokyo

女性が1人でも入りやすい
ファストフード店を作りました。

giraffe

ネクタイ専門店
giraffe

義務ではなく、欲しいものへ。
「サラリーマン一揆」がテーマです。

100本のスプーン

Family Restaurant

ファミリーレストラン
100本のスプーン

「コドモがオトナに憧れて、
オトナがコドモゴコロを思い出す。」
がコンセプトです。

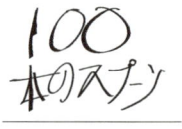

檸檬ホテル

SINCE 2016

刷毛じょうゆ
海苔弁山登り

瀬戸内国際芸術祭2016
檸檬ホテル

一日一組、泊まれるアート作品。
「ほぼ檸檬しなさい」

海苔弁専門店
刷毛じょうゆ 海苔弁山登り

冷たいけど温かい。
“家庭料理の最上級”をお届けします。

PAVILION

業務外業務
WORK WITHOUT WORK

コンテンポラリフード&リカー
PAVILION

出逢いは言い訳に満ち満ちている。
アートをきっかけに誰かと誰かが
出会うレストラン。

新・お仕事プラットフォーム
業務外業務

社長も複業の時代！
やりたかったけど誰からも頼まれ
なかったことを仕事にする。

二階の SANDWICH UPSTAIRS
サンドイッチ
SANDWICH | COFFEE | DESSERT

サンドイッチ専門店
二階のサンドイッチ

「サンドイッチは額縁のような」
挟むのは“料理”です。

पीला
YELLOW

カレー居酒屋
YELLOW

食卓で旅する居酒屋。
店に来るたびにトモダチが増えていく。

おだし
東京
Soup Stock Tokyo

和のスープストックトーキョー
おだし東京

スープストックトーキョーが
日本の食文化に恋をしました。

3章　課題設定力が肝

1. 課題はアイデアの源泉

■課題がユニークなら、アウトプットはユニークになる

事業やブランディングなど何か企画を考える際、「問題」を発見し「課題」を特定し「解決策」を導き出す、という大きい3つの流れがあると思います。**その中でもスマイルズが最も重視しているのが「課題」の設定です。どんな企画であれ事業であれ、とにかく課題の設定が肝。それは問題の解決策を導くコンセプトともなるもので、課題の設定が斬新であれば、解決策もユニークなものになるからです。**

プロジェクトの流れ

問題
を発見し
課題
を特定し
解決策
を導き出す

- **解決すべき事柄**
- **何らかのネガティブな状況**

例：「来店するお客様が少ない」

- **「問題」の解決アプローチ**
- **解決のために成すべき方針**

例：「直接、情報を届けよう」

- **課題を解くための具体的施策**

例：「新聞にチラシを入れる」

さて、突然ですがここで問題です。

Q1　とあるビルのエレベーターが旧式のため、スピードが遅く、「エレベーターの待ち時間が長い!!」とお客様からのクレームが絶えません。しかし、あるスタッフがごく簡単な方法で解決しました。さて、それは何だったと思いますか？

Q2　とある田舎の片側1車線ずつの車道が、主要幹線道路につながっているせいか、みんなスピードを出して対向車との接触事故が絶えなかったそうです。それを自治体の交通課の職員さんがある斬新な方法で事故を激減させたそうです。さて、何をしたと思いますか？

１つ目の問題は有名な「エレベーター問題」というものです。２つ目の問題は日本であった本当の話です。答えは71ページに書いてありますので、自分なりの答えを頭に浮かべたら、ページをめくってください。

Q1 遅いエレベーター

とある都心のオフィスビル。各階へつながるエレベーターは、1台しかありません。

また旧式のため非常にスピードが遅く、利用者から毎日のようにクレームが絶えません。

「エレベーターの待ち時間が長い!! どうにかしてくれ」

あるスタッフがごく簡単な方法で解決しました。

さて、それは何でしょうか?

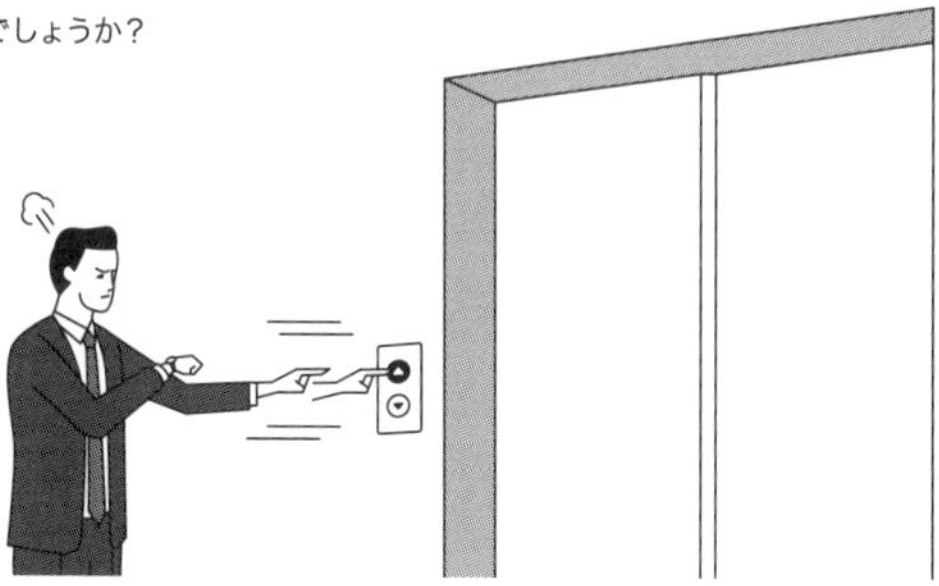

Q2 事故多発道路

とある田舎の道路。片側1車線ずつの計2車線。

主要幹線道路とつながっているため、車の行き交いは少なくない。

道幅が狭いにもかかわらず、どの車も制限速度ぎりぎりで飛ばしているため、
対向車との接触事故が絶えません。

この自治体の交通課の職員はちょっとした工夫によって劇的に自動車事故を減少させました。

さて、それはどのようなものでしょうか?

Q1の正解は、**「エレベーターホールの壁面に鏡を付けた」**。待っている間に自分の姿が自然と目に入るので、身だしなみを整えたり、あるいは自分を眺めたりして時間がつぶせるわけです。

これ、何がポイントかと言えば、エレベーターの待ち時間が長いと感じることそのものを解消しにいったことにあります。普通はエレベーターを速く動かすにはどうすればいいか、効率のいい輸送システムを組むにはどうすればいいか、という課題設定をしがちですが、まさに人間の心理を突いた対処だったということです。

これと似た話があります。多くの人気ラーメン店では、仮に席が空いているとしてもお店側のスタンバイが整っていなければお客様を席に通さず立ったまま待たせることもしばしばですよね。これはお客様が仮に席に着くまでの1時間はイライラせず立ったままでも待っていられる、むしろ期待値を高める時間となるけれど、席に着いてからの15分は座っているにもかかわらずクレームとなることを重々承知しているからです。待ち時間にも〝質〟があるということですね。

Q2の正解は、**「中央ラインを取り除いた」**。普通は「危険！」「スピード落とせ」みたいな看板を置いて注意喚起すると考えますよね。あるいは、速度低減のために道路にでこぼこを付けたり。そういうことも1つのアイデアだと思いますが、この場合は中央ラインがあるから安

A1 鏡を付ける

エレベーターの待ち時間が"長いと感じること"を解消した。

A2 中央ラインを取り除く

注意喚起ではなく、"見えない恐怖（自己責任意識）"を植えつけた。

心だと思って飛ばしていた、ゆえにその安心を消してしまおうと考えたわけです。見えない恐怖を植えつけた、つまり人の心理に訴えたんですね。普通なら何かを足すところなのに、むしろ消したというのはすごい発想です。これもまさに課題設定力の妙といえます。

これらは一見アイデアが面白いと考える方もいるかもしれませんが、むしろ課題設定が斬新であったがゆえに必然的に解決策は導かれたと言ってもいいでしょう。

■スマイルズの課題設定　~ジラフの場合

さてスマイルズの場合は左図のように各事業をまとめることができます。

例えば、ネクタイブランド「ジラフ」についてご説明したいと思います。ジラフはネクタイの企画・デザイン・製造・販売を行っています。色、柄、素材、シルエットなど、ここで扱うネクタイはどれも個性的です。

もともと、ビジネス街を歩くサラリーマン（ここではあえてこう表現します）が、疲れた表情でうつむき加減に歩く姿に「なんでこうなっちゃうの？」という疑問から生まれたブランドです。サラリーマンと言えば和製英語ですが、なぜかネガティブなイメージがつきまといますよね。ネクタイはそのサラリーマンの象徴かもしれません。

でも、サラリーマンという存在が日本の高度経済成長を支えてきたし、言い換えれば今の文化もインフラも、身の回りのすべてはサラリーマンの日々の汗から生まれたものです。だから

	問題	課題	解決策
エレベーターの問題 	・エレベーターの待ち時間が長い ・お客様からのクレームが絶えない ・スピードが遅い	待ち時間が長いと感じることを解消する ＝心理コストを軽減させる	エレベーターホールに鏡を付ける
道路の問題 	・対向車同士の接触事故が絶えない ・道幅が狭い ・交通量が多い	注意喚起ではなく見えない恐怖を植えつける （自己責任意識）	中央ラインを取り除く

スマイルズの場合

Soup Stock TOKYO	働く女性が一人で入れるお店がない	おなかだけではなく、心も満たす食体験を提供する	・食べるスープ ・添加物に頼らない ・見られて嫌ではない空間 ・食べる体験全体をデザイン
giraffe	サラリーマンがなんだかイケてない	サラリーマン一揆 ネクタイを「義務」から「意思」の象徴へ	・体温別 MD ・個性豊かなデザイン ・商品一つひとつを作品として刺身型 VMD → 作品 VMD
100本のスプーン Family Restaurant	家族を連れて行きたくなるレストランがない	コドモがオトナに憧れて、オトナがコドモゴコロを思い出す場を作る	・お父さんと同じものを食べたいを叶える大きいサイズと小さいサイズ ・ファミレスを一皿に「リトルビッグプレート」 ・記念日への新しいアプローチ

サラリーマンの誇りを忘れず、誰かに首を縛られるのではなく、自ら首元をキュッと締めて、ネクタイを使って自分の真ん中に意思を宿していく。そうしたらもっと世の中が良くなるんじゃないか。ジラフはそんな思いからスタートした、「サラリーマン一揆」をテーマにしたブランドです。

従来のネクタイ市場においては、「義務」として身に着けるネクタイを前提として、なるべくオーソドックスで保守的なものが大半を占めていました。しかしながらジラフはそのネクタイを「自分の意思の表現手段」として捉え、「本当に欲しいもの」を提供することを目指しました。身に着けるお客様のモチベーションに応じて、MD（マーチャンダイジング）は体温別になっています。34℃~40℃まで4段階に分かれているのですが、最もジラフらしいと言えば38℃の商品群でしょうか（左図参照）。リバーシブルのネクタイや途中で生地が切り替わっているものなど多種多彩です。大事なプレゼンの日があるからとお買い求めになるお客様もいたりします。

また商品の陳列方法も一風変わっています。通常、百貨店のネクタイ売り場で見られる陳列方法は、色や柄別に「刺身」のように重ねて置くのが基本です。この方がより多くのネクタイを陳列できるわけです。ジラフの場合、お客様が意中の一本を見つけるために、一本一本のネクタイを「作品」のように陳列しています。当然陳列できるMD数には限りは出てしまうのですが、その方が商品それぞれの個性が際立ち、お客様が選ぶ喜びや、本当に欲しいものを探す

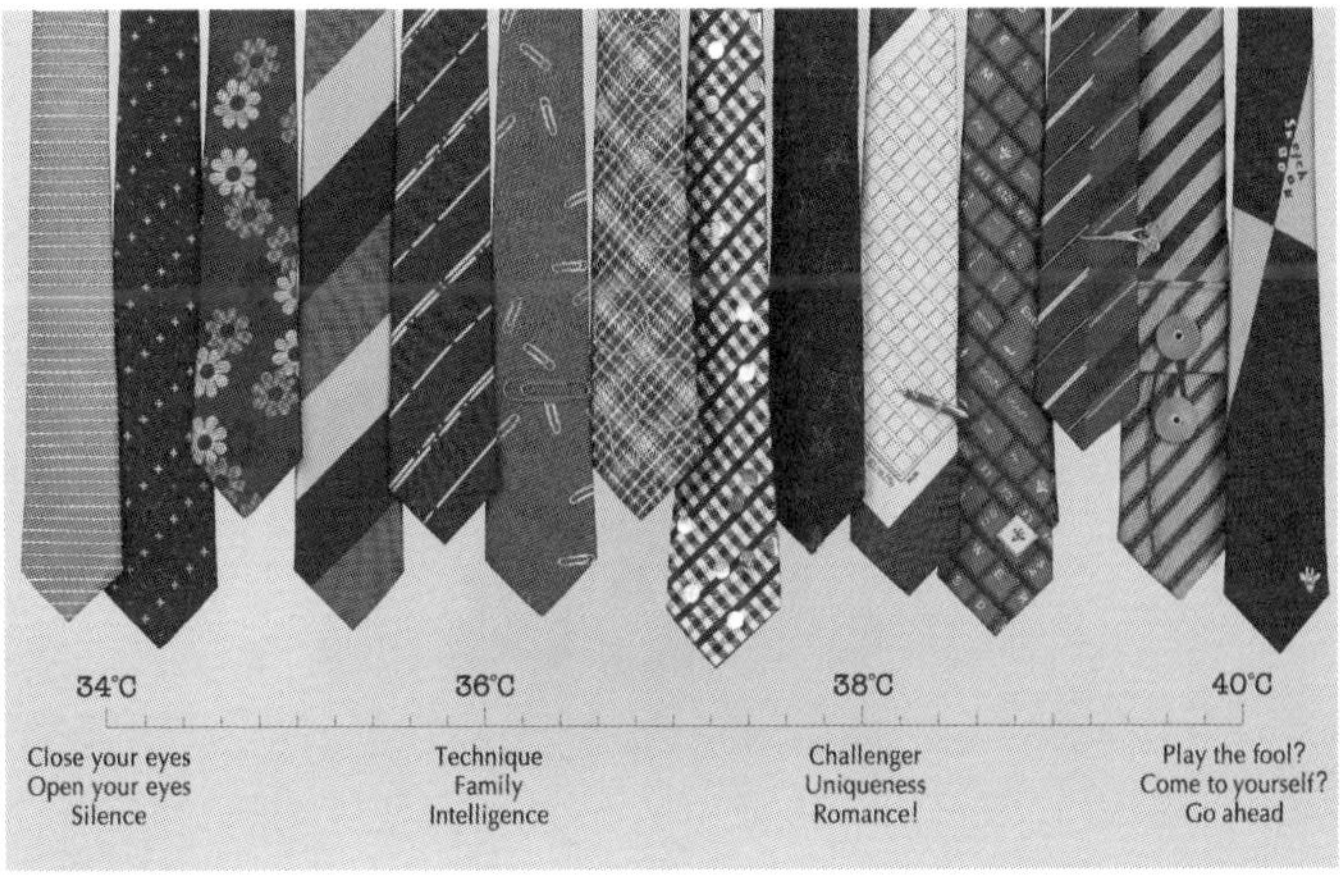

体温別のMD

普段のサラリーマンの胸元を少しでも素敵に変えたい。

34℃はクールで都会的。36℃は平熱。38℃は自分の思いや熱量を宿して、40℃はもはや狂気的。

気分やテンションに合わせて選ぶことができる。

リバーシブルのネクタイ

大剣の幅が同じなので、どちらを前にしても身に着けることができる。

ジラフのVMD

一本一本のネクタイを「作品」のように陳列している。

手立てになるわけです。

「サラリーマン一揆」という大義はあるのですが、この事業を行う上での大きな課題は、ネクタイを「義務」で身に着けるものから「意思」を表現するものに変えることでした。つまり、必要にかられて購入するわけではなく、欲しい・・・ものに変えていかなければならなかったわけです。

オフィスのカジュアル化やクールビズ、テレワークなど、最近はネクタイが不要なシーンが増えてきています。ちまたでは斜陽産業と言われることもありますが、その分頑張るプレイヤーが少ないことも手伝って、店舗数も増え、最近メキメキとプレゼンスを高めているブランドです。これもそのブランドの始まりだけでなく課題設定の仕方とそれに紐づく解決策に他のブランドとは違う視点があったからこそだと思います。

プロジェクトの大半は
課題設定によって決まる
ユニークな課題設定は
ユニークな解決策を生み出す

2. 課題設定の事例　〜つまらないものを〝つまる化〟させる〜

■四方よしを実現したアルバイトでの「ソニック出し」

もう1つ、分かりやすい例を挙げるとするならば、僕のアルバイトの話があります。

これは僕の大学時代の実体験です。当時、カラオケ店でアルバイトをしていました。意外と忙しいし、夜が長い。友達が増えたのはうれしいが、あくせく働く気がない。効率よくお金をもらえればそれでいいかなと考える……そんなバイト店員でした。

いい方法はないかなと考えて思いついたのが、**つまらないものを〝つまる化〟させて**自分は極力動かないというもの。要は、別のスタッフのつまらない作業を面白いものに変えることで、自分は動かなくてもよいという状況を作ろうと考えたんです。これぞ通称「ソニック（音速）出し」。

カラオケに行くとドリンクの注文がありますよね。インターホンで店員に「ハイボールとカシスオレンジと生ビールをお願いします」と頼んだら、普通は数分、混雑時には数十分かかって、部屋にドリンクが届くわけです。これを、注文を受けたらゼロ秒で出すということを目標に掲げました。

仕組みとしては単純です。僕がインターホンの受け役になって、注文を受けたら内容を大きい声でゆっくり繰り返しながら、どの部屋で何が何杯ということをブロックサインで示すんです。隣では他のスタッフが猛然とドリンクを仕上げて、トレーに載せて移動していく。インターホンを切る時には、もうその部屋のドアを開けているという具合です。

ゲーム性があるし、達成感も得られるので、スタッフたちはめちゃくちゃテンションが上がっているわけです。お客様は驚きますよね。「インターホンを切った途端に運ばれてくる。しかも作り立て。これ、どういうこと?」と。それで、もう一度試そうと、また無理難題な注文をしてくるわけですよ。スタッフはさらに白熱する。僕は動かなくて楽。さすがに申し訳なく思って「代わるよ」というんだけど、「いやいや、野崎はそこにいてくれ」って、何か司令塔役みたいな感じで結局動かないで済んでしまう。店長からすれば、「なぜだかわからないけど、やたら売上が上がっている!?」――という四方よしの状態です(笑)。

課題の設定次第で、つまらなかったアルバイトが急に楽しいものに変わっていったりするわけです。これもスタッフやお客様、店長、それに僕という、それぞれの当事者が何に喜ぶかというリアリティを追求した結果によるもの。さらに言うならば、アルバイトの目的=価値を「稼ぐ」ことから、「楽しみ」「スリル」「達成感」へと変換したわけで、まさに価値の盤面を組み替えた事例でもあると思います。ちなみに、ドリンクの作り置きは絶対しないというルールは守っていました（笑）。

■全員の〝自分ごと〟になる経営計画発表会

学生時代の話に続いて、仕事における事例を1つ紹介しましょう。

経営計画発表会ってありますよね。スマイルズもかつてありました。経営計画発表会とは、ちょっと辛辣な言い方をすると、経営者の雲をつかむような妄想を聞く場。しょせん自分とは直接関係のない話を2時間耐え続けるのかと思っている人もいるかもしれません。表彰式があったりするけれども、一部の人のためのものであり、今年の私ではきっと獲れるはずもないから関係ないみたいな、そう感じている人もきっといるでしょう、一般的な企業では。しかし、スマイルズではそういうことがないんです。

2015年の経営計画発表会《KKH》、略して「KKH」で、僕が全体のディレクションを任されました。それでKKHを社員全員の〝自分ごと〟に変えようと考えたんです。本当はみんな褒められたいし、感謝されたい。だから全員が褒められる場にしたかった。ただ、このときに大事なのは、最近の小学校の運動会で見られる全員優勝みたいなことではダメだということ。それでは何の価値もない。そうじゃなくて、誰からどう褒められているかがちゃんと結びついて、チームワークの醸成や自己評価の向上につながることを強く意識しました。

CASE1：アルバイトの課題

問　題

カラオケ店でのアルバイト

意外と忙しいし、夜が長い。
友達が増えたのはうれしいが、あくせく働く気がない。
効率よくお金をもらえればそれでいいかな。
何かいい方法はないだろうか……。

課　題

つまらないものを“つまる化”させて自分は動かない → **四方よしの解決策 みんなにとってのHAPPYを作る**

解決策

ソニック出し

① ドリンクの注文を受ける
② 0秒でお客様の元へ

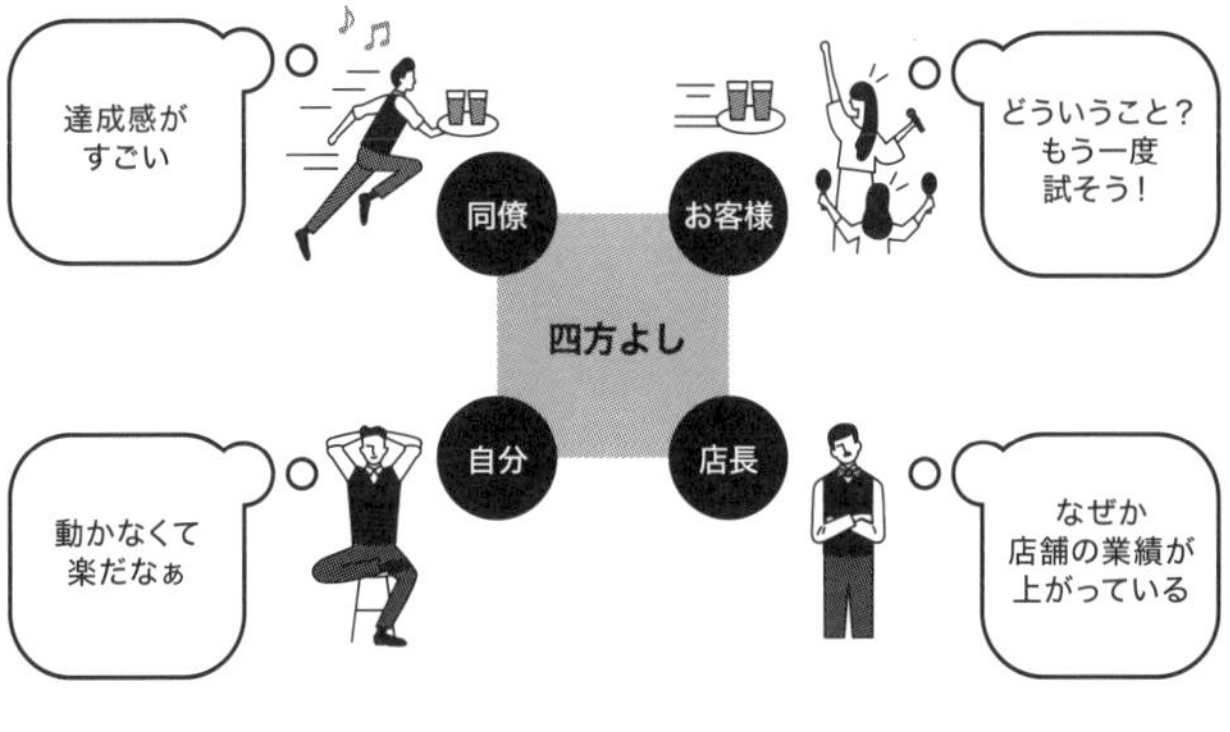

会のタイトルは「KKH2015 LOVE LETTER」。全社員300人分、誰かから誰かへの感謝や敬意を記した合計1300通ものラブレターを集めて、会場中を埋め尽くしました。誰だってありがとうって言われたらうれしいじゃないですか。当然、自分の分を読みたくなりますよね。だから会場に入ると自分宛ての手紙をついつい探してしまう。この時点で、その人はこの会に対してもはやコミットしているわけです。これまでの会では、自分には関係ないと言って、後ろでお酒を飲んだりしていたのに、この年はみんな舞台の目の前にくぎ付けでした。

それから、表彰の際には受賞した社員の親御さんに登場してもらうこともありました。当然その親御さんのことは誰も知らないのですが、会場中のみんなが自分と親御さんとの関係をトレースする。だから受賞した社員が喜ぶだけでなく、会場中が共感して感動してしまうんです。「ああ、今日はお母さんに電話しようかな」みたいなことを思える機会にもしたかったんですね。

そして、この会のフィナーレでは、社員全員で社長の遠山にサプライズを仕掛けました。これも全員をこの会の共犯者（別に悪いことをしてるわけではないですが）にするためです。遠山が創業したときの同志のような存在でもある1号社員の方（もう退職されているんですけど）による遠山へのビデオメッセージを壇上で流したんですね。それを泣きながら見ている遠山の後ろにそーっと巨大な赤いポストを置いて、遠山宛てに社員全員が書いたラブレターを詰め込んだ。ビデオが終わって振り返った遠山が、今度はポストを開けたら手紙の束があふれる

CASE2：全社行事の課題

問　題

経営計画発表会

経営者の雲をつかむような妄想を聞く場。
しょせん自分とは直接関係のない話を2時間耐え続けるのか……。
表彰式もあるけれど、一部の人のためのもの。
今年の私ではきっと獲れるはずもないから関係ない……。

課　題

全社行事を全員の“自分ごと”に変換する → **全員が“褒められる”会**

本当はみんな褒められたいし
感謝されたい

解決策

KKH2015 LOVE LETTER

全員の“自分ごと”にする4つの視点

1 **感動するクオリティ**
会場を黄色い傘が埋め尽くす

2 **全員が褒められる**
1,300通の“誰か”から“誰か”へのラブレターが会場を埋める

3 **親御さんはみんなのモノ**
海外まで突撃取材することも

4 **全員が共犯者**
社員全員から社長へラブレターを

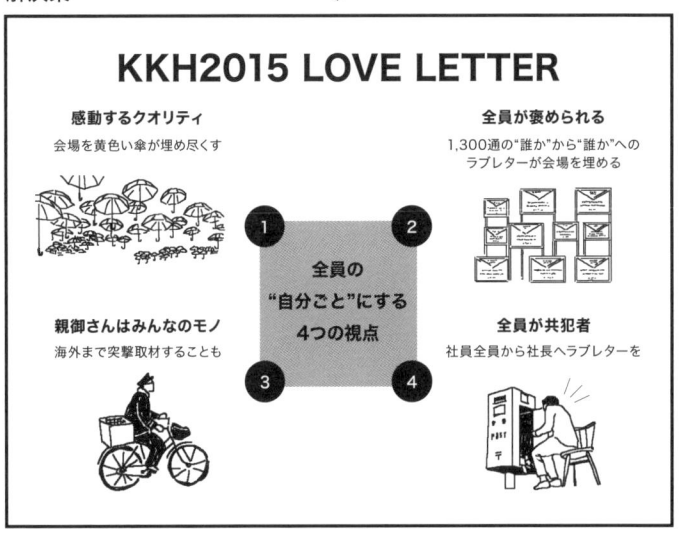

わけです。遠山はそれを読んでまた泣いて、もう最後はみんな感極まってぐちゃぐちゃになって終わったという、そんな会でした。

マーケティングやブランディングに関して、課題設定が肝で、どんな課題設定をするかによって解決策もユニークなものになります。スマイルズの3つのアプローチの中でも一番肝としているものです。そして、その課題を発見したり、解決策を生み出すための手法としてあるのが「N＝1」を基点とした発想と「関係性のブランディング」。次章ではまず「N＝1」についてお話しします。

コラム① 問題・課題・解決策は「ナインセル」でブレークダウン

問題・課題・解決策は、さらに6つの要素にブレークダウンできます。これら計9つのセルを用いたロジックの枠組みを僕は「ナインセル」と呼んでいます。この9つのセルが全部埋まって、しかもロジックとして通っていれば事業や企画のアウトラインはおおむね構築できます。

一般的には、機会と脅威を踏まえた外部環境〈外的要因〉と、強みと弱みを含んだ内部環境〈内的要因〉、それらのハザマにあるのが問題（ここでは発意も含む）です。スマイルズでは「なんでこうなっちゃうの？」という社会への疑問から事業が始まるケースが多く、その場合は社会や市場の状況に対して、生活者の体感や実情などとのギャップとなることもあります。いずれにせよ立場の違う2つの視点、客観的立場と主観的立場から「問題（発意）」は生まれるわけです。

課題は問題の解決を導くもの。これがコンセプトともいえます。どういう市場盤面があるかを探って、その盤面に対してどのような角度で突き刺していくのかを示すものです。課題は、市場における〈ポジショニング〉と〈顧客とその便益、そして価値を届ける文脈設計〉という2つの視点に分解できます。市場におけるポジショニングについては、5章にて関係性のブランディングという少し変わった盤面の読み解き方をご紹介します。また文脈設計については4章にて触れることにします。

その行き着く先が解決策（アイデア）です。たとえば、ビジネスモデルやシステムなどのハードな部分と、デザインや4P（PRODUCT／PRICE／PLACE／PROMOTION）などのソフはケースバイケースですが、いずれにせよ視点の異なることが重要です。

使っています。紙に描くわけでなく、今となっては、頭競合他社やビジネスモデルの検証もやっているし、クラ問題・課題・解決策という型はベーシックなものですかりになりえます。

紹介する「N=1」は「なんでこうなっちゃうの?」という問題発見にも、「本当はこれを解決したかった」という課題設定にも、「自分はこれが欲しい」という解決策まで、紋切り型のビジネススタンスからは生まれない視座を与えてくれるものです。

そしてもう1つ。ナインセルを穴埋めをする際は、一見、問題から課題↓解決策と順序立てる必要があるように思われますが、実のところ、順序はバラバラでいいんです。7章で後述しますが、スマイルズがプロデュースした「文喫」においては、ロゴのデザインを最初に作りました。まだどんなビジネスをするかも決まっていなかったのに。さらに課題（コンセプト）は最後の数週間前に認《したた》めたんです。解決策のアイデアからそれが解きうる課題や問題を振り返った時に新たな視点が生まれることもあるんです。ここは事例をベースにしながらお話しした方が分かりやすいので活用例はそこでお伝えします。

ナインセル

・すべてのセルを埋めることで問題→課題→解決策を包括的に可視化するためのフレームワーク
・議論を論理的に整理する際に役立ち、論旨の抜け漏れも発見できる
・プロジェクトが行き詰まった時に利用すると有効
・N=1 の観点はこのすべてのセルに対して関与しうる

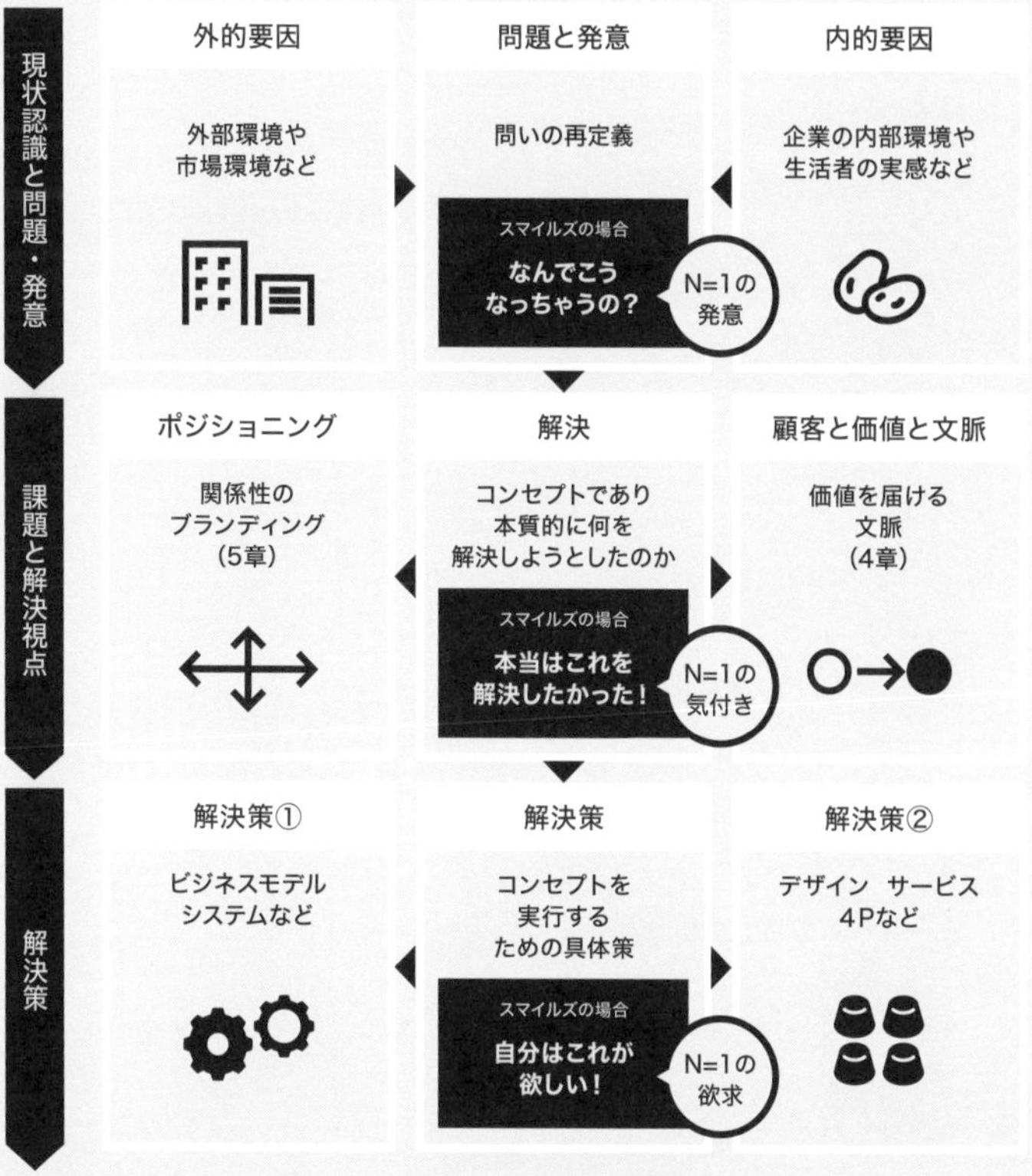

4章　すべてはN＝1から始まる

～「顧客志向＞自分思考」で価値をつくる～

1. 生活者の視点に立つことがクリエイティブの大原則

■事業の根っこは、自分視点!?

どんなサービスやプロダクトも、生活者としての自分、事業者側の反対側にいる生活者としての自分が、なぜこれにお金を払おうとするかという心の揺れ動きが見えていなければ、一方通行的なものになってしまいます。

だからスマイルズでは生活者としての視点を何よりも大事にしています。僕たちのどの事業でも、基点にあるのは「N＝1」という考え方。自分や確実に存在している誰かを出発点として、「自分がお客様だとしたら、こういう商品がほしい、こういうサービスがあるとうれしい」という一生活者としての視点を重視するということです。

ただ、気をつけないといけないのは、生活者の視点と事業者側の「こうなったら面白い」と考える妄想が、一見似ていること。両者はしっかり区別しないと、むしろ事業のリスクになります。

実は、ファミリーレストラン「100本のスプーン」は最初そのような思い違いをしていました。スープストックトーキョーのお客様の中にも、ライフステージが変化し、子育てや家族との時間を大切にする方が増えてきた頃だったんです。そこで、もしスープストックトーキョーがファミレスをやったらどうなるかという視点でお店を作りました。なので、当初は「100本のスプーン　by　スープストックトーキョー」という名前でした。

1号店は神戸の三田で、その後、あざみ野、幕張と展開したんですが、いまひとつブランドの方向性がはっきりしなかったんです。スープストックトーキョーのスープからソースを作ったり商品展開を試みていたんですが、事業戦略上、そんなに間違ってなさそうなものなんだけれども、何だかうだつが上がらない。

よくよく考えて分かったのが、完全にリソース発想だったからなんですね。お客様の楽しみや満足があるシーンから始めるというプロセスと真逆なんです。ハンバーグやフライが食べたいと言っている方に、スタッフのアタマの中でスープストックトーキョーがやっているからという縛りがあったがために、どストライクなメニューを提供できないという、ピント外れなことをしていた。すなわち、「スープストックトーキョーがファミレスをやる」という設定は事業者の論理でしかなかったんです。事業者側の勝手な思い込みは捨てるべしということを先ほど言いましたが、その教訓を与えてくれた出来事でした。

ともあれ、これじゃまずいということに気づいて、思いきってスープストックトーキョーから離れて、100本のスプーンをゼロから作り直すことにしました。お店として目指すビジョンも明らかになっていなかったので、新たに設定するところから始まったんです。

■N＝1でリブランディングに成功した100本のスプーン

リブランディングの検討会議で僕がまず出したのが、この1枚の写真でした。お父さんがひげそりをしている横で、お子さんがその真似をしている。「子は親を映す鏡である。初めてのレストランへようこそ」というコピーを付けて、こういうお店をやりましょうと。

子どもは大人の真似をしたいものであり、その気持ちに応えるレストランになろうというイメージを、この1枚で訴えたわけです。子どもを子ども扱いせず、大人ぶりたい気持ちを尊重するレストラン。だから、ステーキなら自分で切って食べるし、乾杯もカチャンと音を立てたいから本物のグラスを使ってもらう。お皿もプラスチック容器では提供しません。また、お父さんが食べているハンバーグステーキと全く同じものが食べたいという気持ちを満たすために、ほとんどすべてのメニューに大きいサイズと小さいサイズを用意しました。

一方で、実は大人だって子どもに憧れているわけですよ。豪勢なお子さまランチを見て、僕も食べたいなぁとちょっと羨ましく思ってしまうことがある。そこで、10品の料理を盛り合わせたリトルビッグプレートという、いわば大人用のお子さまランチもメニューに加えました。

普通に事業側面から考えれば、ガラスのコップをお子さんに使ってもらうのは割ってしまう

AleksandarNakic/Getty Images

子は親を映す鏡である

Children are the mirror of their Parents

初めてのレストランへようこそ

Welcome to the “first” restaurant for you

100本のスプーン

Family Restaurant

危険もある。また、リトルビッグプレートなんてオーダーが入ったら10品作らないといけないという大変な作業を伴います。オペレーション視点で片付けてしまうときっと失われてしまう価値なんだと思います。お客様にどうしたいのか聞くこともできるとは思うのですが、そもそも自分たちだってそのお客様であるわけだから、そこから発意すればそう大きく踏み外さずに発想できると考えています。

100本のスプーンはもともとスマイルズの副社長である松尾の「自分の子どもを連れて行きたいファミレスがないから作りたい」というシンプルな動機から生まれた事業です。普段仕事をしているお父さんは家での夕食を共にできなかったりするけれども、レストランは家族みんなが集える場であり、外食というワクワク感があるからこそ、いつもなら聞きづらい話ができたり、打ち明け話もできたりします。そういう媒体としての役割がある一方で、最近のファミレスでは子どもはゲームに夢中で、お母さんたちはお母さん同士でおしゃべりしていて、家族の中に会話が存在していなかったりします。あるいは家族よりも学生の方が圧倒的に多いファミレスもあったりする。それに対してスマイルズがやるならば、100本のスプーンは本当に家族が集って、豊かな時間を共有する場でありたいと考えたんですね。

そこで**「コドモがオトナに憧れて、オトナがコドモゴコロを思い出す。」**というコンセプトを考えました。そのリブランディングのコンセプトを作るにあたって、僕はここで何が起きているかというシーンをひたすら描き続けました。例えば、お母さんと娘さんがお揃いのソファで女子会をしている。お母さんがおしゃれをして来ている隣で、お子さんもちょっとかわいらしい格好で。初めての外食の場として、ちょっと気を張っていくような場所であってもいいよね、ということです。でないと大人ぶれないわけですから。

あるいは男の子とお父さんがカウンターで密談したっていい。2人で恋バナをして、「最近○○ちゃんとどうなの？」「何か相手してくれないんだよねえ」「僕だったらこういうときはガツンと行くけどな！」みたいなことを話しながら、お父さんはワイン、お子さんは同じワイナリーで作ったブドウジュースを飲んでいるとか。ただひたすらそういう具体的なシーンを描いていきました。

このシーンやコンセプトを構想するにあたってベースにあったのはN＝1の自分自身の原体験です。まだ幼かったころ、レストランはたまにしか行けない特別な場で、少し普段よりおしゃれをして行くような、ちょっと背筋が伸びる場所でした。フォークとナイフを頑張って使うのも、大人の仲間入りをしたようで嬉しいんですよね。僕の父は単身赴任だったので月に一度くらいしか会えなかったんですが、父も父でレストランではお父さんぶるわけです。「フォークとナイフはお皿の上にハの字で置くんだぞ。でないと持っていかれるぞ！」なんて言って。あの時のワクワク感とか、体温があがる感覚、まさにN＝1の記憶をベースにして、現代的なカタチに変換し、100本のスプーンにおける具体的なシーンを描いたわけですね。

とにかく一続きの僕らなりの文脈を作っておくことが大事で、そうすればお客様はそれ以上の可能性を勝手に開いていってくれるはず。そして、そうした具体的なサービスの形はまずイメージしなければ始まらないし、逆に言えばイメージできたものは具現化できるんです。実際、お店の中でも、僕たちの妄想のすべてではないにせよ一部は具現化されていることは事実です。

そのイメージを先付けとして提示するのがクリエイターの役目。どれだけコトバだけのコンセプトがあったとしても、ピンとこなければプロジェクトメンバーも現場のスタッフもコミットし切れません。だから、そのピンとくる何か、すなわち情景が頭に思い浮かぶようなイメージを作ることが大事なんです。僕はプロジェクトが始まると、最初にコトバだけのコンセプトではなく、多くはイメージを提示します。それも直接的というよりは少し間接的なものを。今回の場合であれば、このファミリーレストランで髭剃りをさせたいわけではないけれども、プロジェクトメンバーにこの子どもや大人の心情を想像してほしかったわけです。イメージはメンバーのさらなる妄想を拡げてくれることがあります。**コトバによってやるべきことを縛っていくよりも、イメージによって妄想を拡張していく方がプロジェクトの初期には有効なんですよね。**

イメージできたものは具現化できる

リトルビッグプレート
"あれもこれも食べたい"を叶えます。
100本のスプーンの代表的なメニューを
一度に味わえる、見た目にも楽しい一皿。

大きいサイズと小さいサイズ
ほとんどすべてのメニューで2つのサイズを用意。
器も同じデザインで大きいサイズと小さいサイズを
使用するこだわりも。

メニューが塗り絵に
料理が届く待ち時間も愉しい時間に。
お子さんだけでなく、親御さんも意外と熱中！？

大きいソファと小さいソファ
コドモだってどかっとソファに座りたい。
インテリアも大きいサイズと小さいサイズがあります。

はじめてのカンパイ！？
お父さんは本物のビール。
お子さんはジュースをビール風に。
大きくなったらまた同じ場所で
一緒に乾杯してほしい。

■そのシナリオは事業者側にとって都合のいいシナリオになっていやしないか？

顧客の共感を得るには、事業者側に生活者としての視点がなければいけません。展開当初の100本のスプーンがそうでしたが、例えば、3Dのテレビが少し前に出ましたよね。「どうだ、これが新技術だ！」とメーカー側は積極的に打ち出したけど、結局それほど売れませんでした。『アバター』をはじめとする3Dの映画も一時期話題になったけれども、その後は姿を消しています。実際に観てみると長時間視聴するにはなかなか疲れるし、そもそも画面がきれいだったら十分に奥行きを感じるなぁ、ということで、ニーズが薄れていったのでしょう。これらの場面にあったのは事業者側の〈技術のイノベーション〉であって、生活者にとっての〈価値のイノベーション〉ではなかったということです。

僕が大学院にいた時にも、同じようなシチュエーションに遭遇しました。太陽光を反射させて建物に熱を溜め込ませないという、真っ白な高反射高放射塗料を構想した学生がいたんです。これをもし山手線内のすべてのビルが実装すれば、それなりのCO_2削減効果があるというんですけど、いや、ちょっと待てと。山手線内のすべてのビルの壁って総面積はめちゃめちゃ広いし、さらにいうなら都内の光景が真っ白になるってことですよね。おそらくめちゃくちゃ眩しくなる。全く現実的な手段とは思えないわけです。

新しい技術を世に問うことはもちろん重要だし意義のあることなんですが、必ずしもそれが

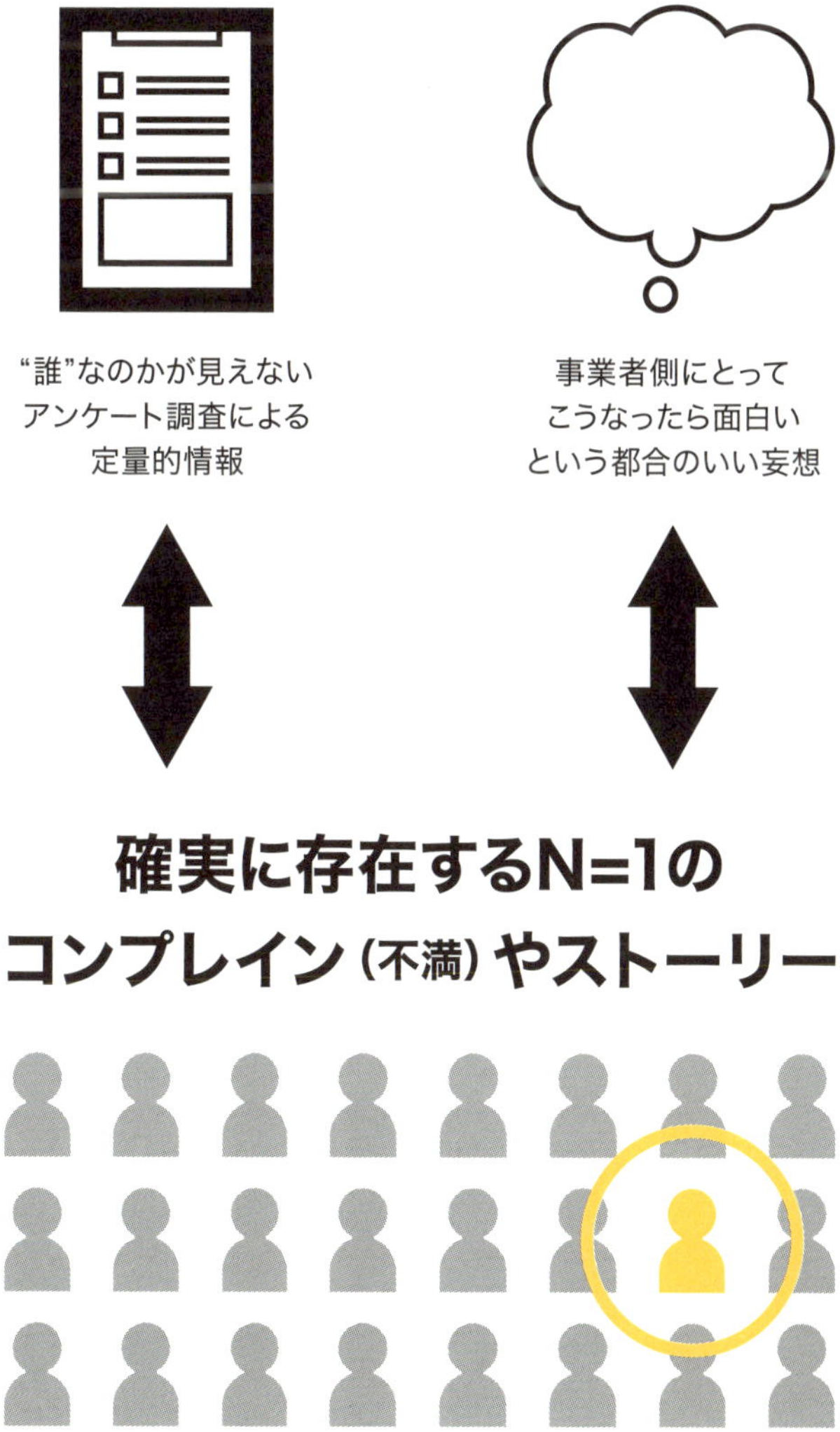
"誰"なのかが見えない
アンケート調査による
定量的情報
事業者側にとって
こうなったら面白い
という都合のいい妄想
確実に存在するN=1の
コンプレイン（不満）やストーリー

価値の再定義に繋がるわけではないということです。外部からの論理的であったりマーケティング的な発想で導き出す理想は、人間が人間らしくとか豊かに生きるという意味においては、時として何の理想でもなかったりする。

事業者側の「これ、絶対ウケる！」という思い込みはすごく多いし、それは当然僕たちの中にもあります。でも、だからこそ**やろうとしていることが事業者側にとって都合のいいシナリオになっていないか、意識的に検証しなければならないんですね。消費者のコンプレイン（不満、不足感）の解消や価値につながるストーリーが提示できなければ、市場盤面をひっくり返すどころか、市場に受け入れてさえもらえない。**

「自分たちがやってみたい仕掛け」ではなく、具体的な誰かの「生活がこうなっているといいな」という発意からスタートすることが、あくまでも大前提というわけです。

■普通×普通＝ユニークネス

翻《ひるがえ》ってN＝1を軸にすると、自分や実在する人の中で確実に存在しているコンプレインやストーリーに直結するので、ユニークな価値を生み出しやすくなります。

1章でも言ったように、そのNはもちろん自分自身でもいいし、家族や友人でも構いません。「きっとどこかにいるよね、こういう人」という曖昧な生活者像としてのペルソナでなく、とにかく特定されている＝実在する誰かであることが重要です。

一見たった1人の行動や思考は特殊なものに思われがちですが、ある局面ごとに切り取れば、その局面における行動や判断は普通だったりします。一つひとつの経験は平凡かもしれませんが、普通×普通と掛け合わせていくと、ユニークなその人の人生になるわけです。**これを逆から捉え、ユニークなアイデアを因数分解してみると一つひとつは普通で、誰もが経験したことのある事象だったりします。マーケティング的な分析だけでは捉えられない「普通」がそこにあるということです。そして、普通の人がそこに1人いるならば、2人、3人もいる可能性が高い。特定多数の人に響きうるものになるわけです。**

そして、それらが掛け合わさることで、総体として生活者の感性になじむ心地良さを提供できる。それこそがまさにユニークな価値なんです。だから**普通×普通＝ユニークネス**。普通であるという生活者の感覚を基点にすることで確度も高まるわけですね。

だから、何度も言うけれどもN＝1を知ることが一番大切なんです。日常に目を見開いて、いいなと思うもの、嫌だなと思うものがあれば、ちょっと立ち止まってそれがなぜかを考えてみる。服でも食べ物でも何でもいいので、自分の「好き」を要素分解して、どんなものに惹かれるか、それが何で構成されているか、その対極にあるものは何かを考えてみる。そんなふうにN＝1を基点にすると、新鮮なアイデアが結構生まれてくるものです。

チームでアイデアを出すときは、メンバーそれぞれのN＝1を考えます。20人いたとしても

N＝20の統合的回答でなく、20人のN＝1の些末な情報を集めていく。そのすべてが、非常に有用性があるわけです。

N=1はアイデアの源泉

普通×普通＝ユニークネス

日常に目を見開く！

自分の“好き”を分解せよ

2. 誰かの心理的構造を捉えると〝文脈〟が生まれる

■文脈から価値を生み出す

スマイルズではアンケート調査というものをほぼやらないと言いました。その一番の理由は、Nが誰なのか見えてこないからです。1章でマーケティングの限界的な部分を挙げた際にも説明しましたが、朝どんな服を選ぶか、お昼に何を食べるかなんてことは、ほとんどの人の場合、「なんとなく」決めますよね。それを選んだ理由は自分でもはっきりしない。生活者の行動の裏側にある心理的な揺れ動きは、大規模なアンケートやインタビューをやっても理解できないということです。唯一はっきり捉えることができるのはN＝1、それもまずは自分自身なんですね。自分自身が生活者であるときに、一体何を考えているのかということを、とにかく深掘りすることに尽きる。

今日お昼どきに、ついついスープストックトーキョーに行ってしまった私は、なぜ行ったのか。いや、何となくなんだけど、実は〝何となく〟には必ず理由がある。それを導き出すこと。場合によっては、そこに小さなコンプレインがあるかもしれない。あるいは、その日のあるストーリーがあるかもしれない。それを紡ぎ出すことが第一歩ということです。

そうやって誰かの心理的な揺れ動きを捉え切ることで〝文脈〟が生まれます。

単純にこの人はこう考えてこう行動したというシンプルな動線ならば、例えばヒストリカル・リサーチや消費者のデプス調査やインタビュー調査といったもので把握できるけれども、その人物の心理的な揺れ動きまで捉えるのは難しい。それも他人の心理となると至難の業です。でも自分のことだったらまだ分かる可能性があるじゃないですか。

「今日、どうして私はスープストックトーキョーに行ったんだろう」と思いを巡らせてみる。「ちょっと疲れていてスープが食べたかったのかな」とか「結局、駅から近いからかな」とか、「お店の看板が目に入って、おいしそうだったから」とか、突き詰めていくと理由はいろいろ考えられるでしょう。

どのような理由であれ、その理由を精緻に理解していれば、それを基点として事業を展開することが可能になります。

自分がそこでそう感じたならば、同じような感覚でその価値を享受する人は確実にいる。その局面自体は〝普通〟にあることだからです。どんな人も外部の影響を受けている以上、すべてがユニークな人というのはこの世の中にはいないから、ある部分で切り取ればそれは他にも押し広げることができる。だから僕たちは、なぜ彼女は今日このお店に入ってスープを食べようとしたのかということを徹底的に理解することを重視するんです。そして、その先にあるのが、例えば2章で触れた「本音の価値と建前の価値」だったりするわけです。

スープストックトーキョーのスープカップが縦型なのは、おなかいっぱい食べたい（＝本音）けれども、食べている姿も品よくありたい（＝建前）というお客様の思いに応えるため。パンだけでなくごはんも用意しているのは、スープと一緒ならごはんも罪悪感なく食べられるという本音を叶えるため。

細部に分け入って価値を作るには、お客様の微細な心理の動きを感知しなければならず、それを実行するためにはまず自らの心の動きを観察し、精緻に捉える必要があるんですね。

■女性に届けてもらったジラフの価値

文脈から価値を生み出すという試みは、ネクタイブランドの「ジラフ」でもやっています。これは僕が事業部長をしていたときの話です。当時、ジラフは代官山に店があったんですが、丸一日お客様が来ない日もあったくらい認知度の低いブランドでした。当時からデザイン性は豊かで、顧客は主にファッションユーザー。丸の内のビジネスパーソンが僕らのネクタイを着けるということはほぼなくて、一部の方のおしゃれとしてしか需要のないネクタイだったんです。

ただ、女性には評判がよかったんですよね。デザイナーが女性で、ちょっと色遣いが派手だったり、デザイン性が豊かだったことが影響しているのかもしれませんが、店頭で女性のお客様が通りかかると「うわ、かわいい〜！」と言ってくれるんです。女性には共感されるというこの事実から、僕はある作戦を思い立ちました。

何をしたかというと、ほぼ女性客しかいない渋谷ヒカリエにポップアップ（期間限定）で出店したんですね。当時、売り上げとしては男性の比率の方が高かったんですけど、絶対これは女性が買ってくれると思って、ポンと出て行った。認知度もまだまだ低かったので、すぐには売れないことは分かっていたんですが、「あそこにああいうお店が来たのね」ということを覚えてもらえれば、数カ月後、ギフトを買うときに思い出してもらえる。マーケティングではエボークド・セット*という考え方に該当するものですけど、それを意識して、案の定売れ行きは良くなかったけれども1カ月粘りました。

もう1つの仕掛けとして、そのポップアップストアの店長に、「ヒカリエ館内の全従業員と友達になってね！」という指令を出しました。お昼どきとか、とにかく声をかけて仲よくなってねと。ヒカリエには当時男性向けのファッショングッズを扱う店が少なく、女性向けの店舗が多かったので、他店では女性のお客様と「そういえば来月、彼氏の誕生日で何をあげようか迷ってるんです」なんて日常会話が繰り広げられていました。その時そのお店のスタッフの方が、「そういえば、4階にかわいいネクタイ屋さんがある」と思い出してくれれば、おすすめ

＊エボークド・セット（evoked set／想起集合）：消費者が商品を購入する前に、頭の中に思い浮かべるブランドや商品の組み合わせのこと。通常は思い出せるのは3〜5個程度。

してもらえる可能性が高くなるわけです。要は他店から送客してもらったんですね。

そしてここからが重要です。女性は現物を見て、「かわいいな」と気に入ってくれる。ネクタイは幸いサイズに違いがないし、何本所有していても問題ないという特性があるので男性にプレゼントしやすい。もらった男性は「これちょっと派手じゃない？」なんて戸惑いつつも、「絶対いいって！　あなたいつもちょっと地味だし。たまにはこういうのを着けて会社に行ってみたら！」みたいなことを言われて、ジラフのネクタイを着けて会社へ行きます。そうしたら、女性には共感されやすいデザインですから会社の同僚の女性に「今日のネクタイいいですね」と褒められるわけですよ。そりゃうれしいですよね。そうすると今度は自分で買いに来てくれる。こうしてお客様を1人獲得する。その男性が着けているネクタイを見て、周りの女性は「いいな、わたしの恋人にも着けてほしいな」と思って、プレゼント用に買いに来てくれる。

名付けて「共感のスパイラル」です（笑）。僕らが「このネクタイは素敵なので着けてください」と言ってもそう簡単には信じてもらえない。女性を介して価値を普及してもらった、要は女性に宣教師になってもらったんです。その人の言うことだったら、内容は同じでも聞いてくれる。つまり文脈を作ってくれるわけです。商品は一切変えていません。どう伝えるか、どう文脈を作るかというところで勝負したわけです。

共感のスパイラル

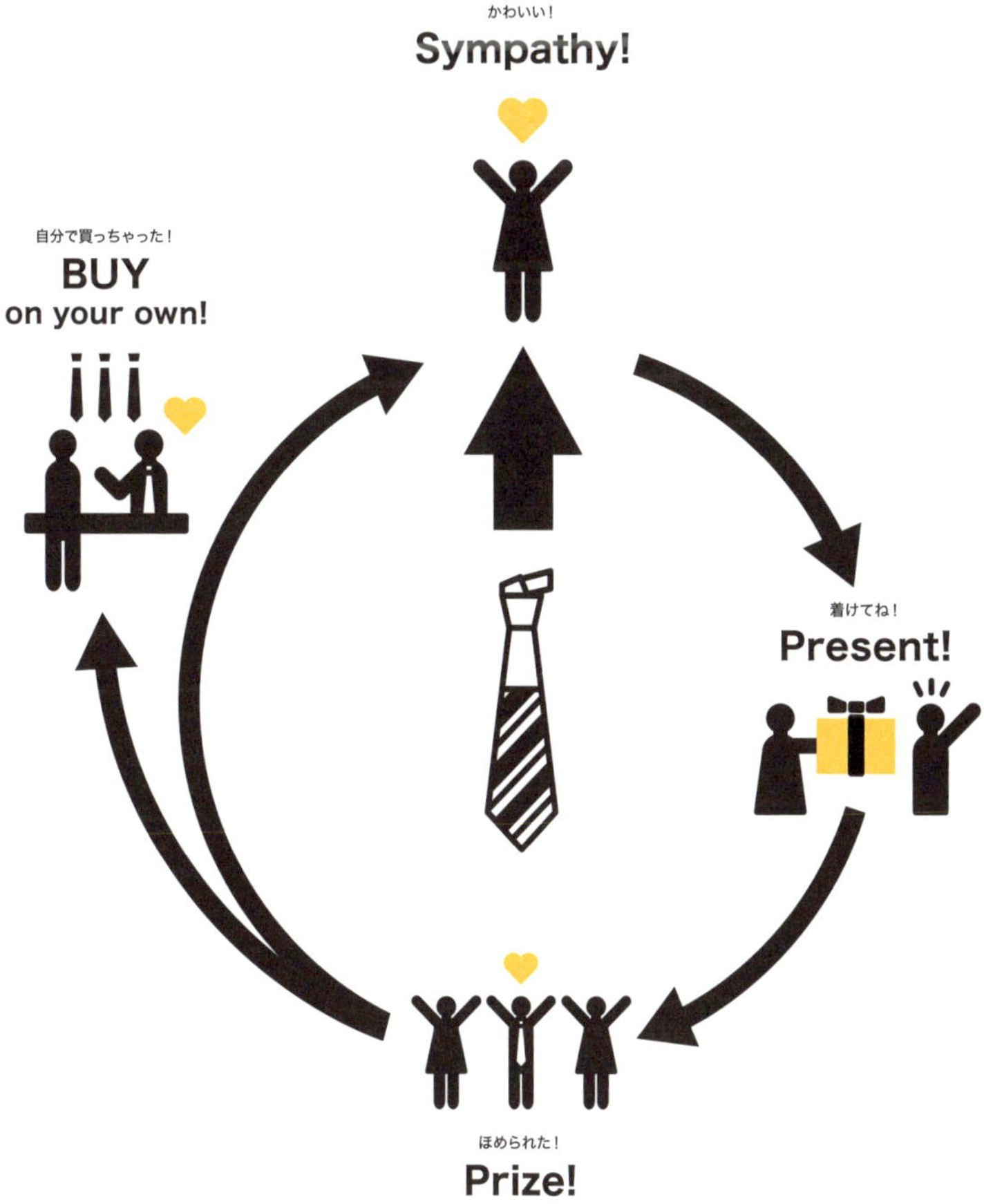
かわいい！
Sympathy!
着けてね！
Present!
ほめられた！
Prize!
自分で買っちゃった！
BUY
on your own!

「共感のスパイラル」によって顧客数だけではなく、客層が拡張していきました。もともとジラフというブランドは働く男性に向けて、その胸元を変えたいというところから始まっていたのですが、念願の丸の内にも出店することができて、徐々にビジネスパーソンも使ってくれるようになりました。回り道だったけど、本来のビジョンに近づくに至ったわけです。売上も伸長し、直営店も9店舗まで増加しました。現在の展開の基盤となる転換点だったと思います。

N＝1の考え方をテコに生活者の心理を捉えていったわけですね。僕だったら女性にネクタイを褒められたらうれしいだろうなという自分の内面を探りつつ、本来のターゲットである男性客の心の揺れ動きを捉えた、それが功を奏したということです。一見、下世話なプロセスだけど、それが大事なんです。

この延長線上で、2月のバレンタインデー、6月の父の日、12月のクリスマスの頃にも、いろんなお店にポップアップを出させてもらったりもしました。それも、あえてかわいいディスプレイにするんですね。男性へのプレゼントを何にしようかと考える女性に向けて訴求するわけです。バレンタインデーが入っているのは、3月のホワイトデーのお返しを期待して、ちょっといいプレゼントをチョコと一緒に渡す人もいるだろうと見越してのこと。これは女性の心の揺れを捉えた結果の文脈づくりということになります。

3. N＝1からの事業の作り方

■思いつきを大事にする

では、N＝1を基点とする事業をどうやって作っていけばいいのか、そこへ話を進めていきましょう。僕が実践しているアプローチを紹介します。

まずは**思いつきを大事にする**こと。

思いつきには確実にワケがあります。夢と一緒ですよね。夢って過去の自分の経験、情報の集積からしか出てこないもので、「何か」がない限りイメージは創出されません。それと同じで、思わず言ってしまったことはさっき見た何かの反映かもしれないし、すごく昔の原体験かもしれないけれども、そうした何かしらの必然性があるんです。その必然性が、このタイミングで説明できないだけ。それは後から見えてくることも往々にしてあるので、引っ掛かりは絶対に大切にした方がいい。

言い換えれば、自分の中に蓄積された具象的な経験を手掛かりに、コンセプトへと抽象化するということです。アップルのCDO（2019年8月時点）のジョナサン・アイブがかつて『AXIS』誌のインタビューで語っていた話があります。曰く**「デザイナーの仕事は自分のアウトプットがなぜこれなのかを徹底的に考えること」**だと。デザイナーの一番大事な仕事はアウトプットを出すことじゃないということなんです。出したアウトプットについて、どうしてこれがいいと思ったのかを徹底的に考えることだというわけです。全くその通りだ！　と共感したことを覚えています。漠然と「これがいいな」という感覚の裏には、ちゃんとワケがあるんですよね。

出てきたアイデアの根っこの部分をとことん掘り下げて、その必然性をひも解いて説明することで、事業のフレームワークが立ち上がってくるんです。

もっとも、この作業はデザイナーだけのものではありません。マーケッターだろうが営業だろうが、何なら経営者だって、この視点を持つことは重要です。

例えばセブン‐イレブンの生みの親で、セブン&アイ・ホールディングス名誉顧問の鈴木敏文さんは、ホットコーヒーを飲みながら街を歩く人を見て、「セブン‐イレブンでもあったかい飲み物が売れるんじゃないか」とひらめいて、セブン‐イレブンの店頭で淹れたてのコーヒーの販売を始めたそうです。1980年代前半のことです。その後、他のコンビニチェーンが

デザイナーの仕事は自分のアウトプットがなぜこれなのかを徹底的に考えること

追随して、いまではコンビニでコーヒーを買うことが当たり前になっているのは、みなさんご存じの通りです。

コンビニでおにぎりを始めたのもセブン - イレブンですよね。それも、お昼時におにぎりをほおばる人の姿を見て、「おにぎりが売れるんじゃないか」と直感したことがきっかけだとか。その直感を得て、リサーチしてみたら、どうやらそこにはニーズがあるようだということで、店舗への展開に着手したと。

だから、最初のきっかけは案外ささやかなことなんです。直感に引っかかったものから出発することが何より大事で、数字の分析は後からでいい。新しいことをやるというのはそういうことで、どれだけ過去のデータを見ても新しい価値にはたどり着けません。だからこそ先に思いつきや具体的なイメージを出した上で、その本質が何なのかを捉えにいくというプロセスでなければならないんです。

■外的要因よりも内的発意を優先

いま言ったことを分かりやすくするために、ちょっと図にしてみました。Aがマーケティング的な論理思考、BがN＝1から生まれる感性的なクリエイティブ思考。

僕はAよりBが先立つと思っています。「理由」よりも「これがいい」が大事。論理的なコンセプトよりも具象的なイメージを優先する。外的要因よりも内的発意を大切に

A より **B** が先立つ

A	B
理由	これがいい
論理的コンセプト	具象的イメージ
外的要因	内的発意

が、

B には **A** がある

B	A
これがいい	理由
具象的イメージ	論理的コンセプト
内的発意	外的要因

するといった具合です。

ただ、Bには必ずAがあるんです。「これがいい」と考えるのには何かしらの理由がある。具象的なイメージには、必ずそこに論理的なコンセプトが存在していて、内的発意には必ず外的要因が関わっている。なぜなら、自分あるいはその人は絶対外部の影響を受けているからです。AとB、すなわち外的要因と内的発意は無関係で全くの別物と思われるケースが多いけれども、そんなはずはない。何の影響も受けずに育った人間なんていないんですから。クリエイターはユニークネスであることを強調するために、そういう外部的な要素を排除しようとするけど、それはむしろ賢明じゃない。**外部の影響なんて受けて当たり前という前提に立って、その上でその思いつきや欲求が内側から湧いて出てきたのはなぜか、そこにどんな必然性があるのかを探っていくというのが僕たちの基本姿勢なんですね。**

■具象から駆け上がれ

分かりやすく図式化すると、普通のプロセスはトレンドやコンペティター、自社リソースなどの定量的、ないしは抽象的な情報を集約してコンセプトに落とし込み、その上で商品やサービスなどの形に具体化していくわけです。そこからはロジカルなコンセプトが生まれるわけですが、ロジカルであるがゆえに、ありがちになりやすいのもまた事実です。なぜなら情報源が誰でも得られるものが大半を占めるからです。しかも、コンセプトに縛られるという弊害もある。これが非常に危険で、その先のイメージが見えていないコンセプトは具体化のしようがない。まさにお題目化する可能性もある。さらに言えば、このコンセプトそのものが出し手の思い込みだったり、リアルなニーズとの乖離が起きたりといったリスクもはらみます。

僕らはこれと正反対のアプローチをとっていきます。すなわち具象から始める。この具象的体験の実体は自分たち自身であり、N＝1ということです。

まずはプロジェクトメンバーのN＝1の体験を収集するところから始めて、そこからコンセプトを紡いでいくんですね。そして、生活者がアクセスしやすい商品やサービスの形へと、もう一度具体化する。

根っこの部分に具体的な体験や感覚があるからこそ、生活者の共感を得られるコンセプトができあがるし、そこからさらに具現化することもそれほど困難でなくなります。このやり方なら、N＝1の体験から唯一性をつくり出すことも可能ですし、リアルなイメージがあるのでコンセプトも明確になる。

ただ、さすがにそれだけではビジネスとして成立しない可能性もあるので、最後に市場動向や競合、自社リソースといったロジカルな要素でフィルタリングをかけるんです。フィルタリングを先にかけると、アイデアの幅が狭くなってしまったり、時にはねじ曲がってしまうので、順番としてはあくまで最後にしています。

例えば市場を新しく描いてみて、ここに空いてる市場があった、「ブルーオーシャンを見つけた」と喜ぶかもしれないけど、そこにはお客様が誰もいない可能性があるわけです。生活者の実感が抜け落ちていると、そういうことになってしまう。逆に、例えば「こういうものがあるといいんだけど、ないんだよねえ」という実体験がベースにあれば、それは本物のブルーオーシャンかもしれません。

順序が違うだけで、ことによるとすごく危ない橋を渡ることになってしまうわけです。それを回避するための手段としても、自分たちの体験や心理という具象から始めることに大きな意味があるということです。

通常のプロセス

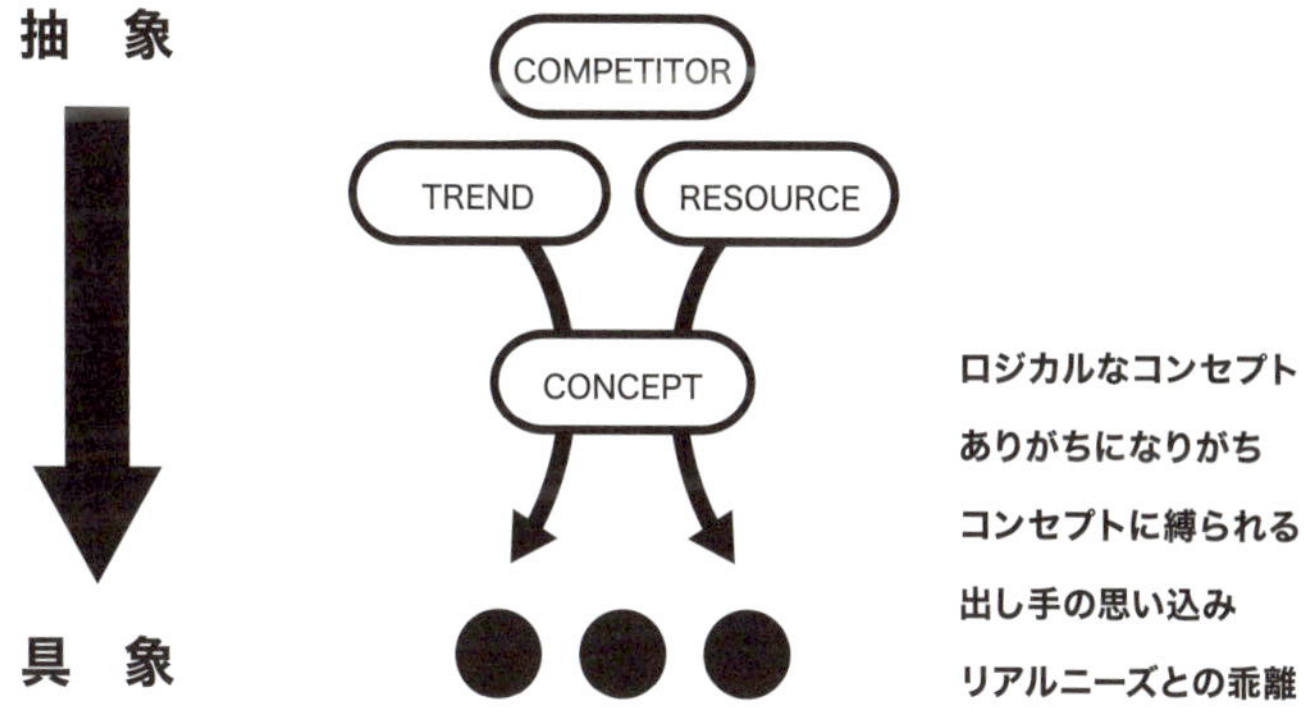
抽　象
具　象
COMPETITOR
TREND
RESOURCE
CONCEPT
ロジカルなコンセプト
ありがちになりがち
コンセプトに縛られる
出し手の思い込み
リアルニーズとの乖離

スマイルズのプロセス

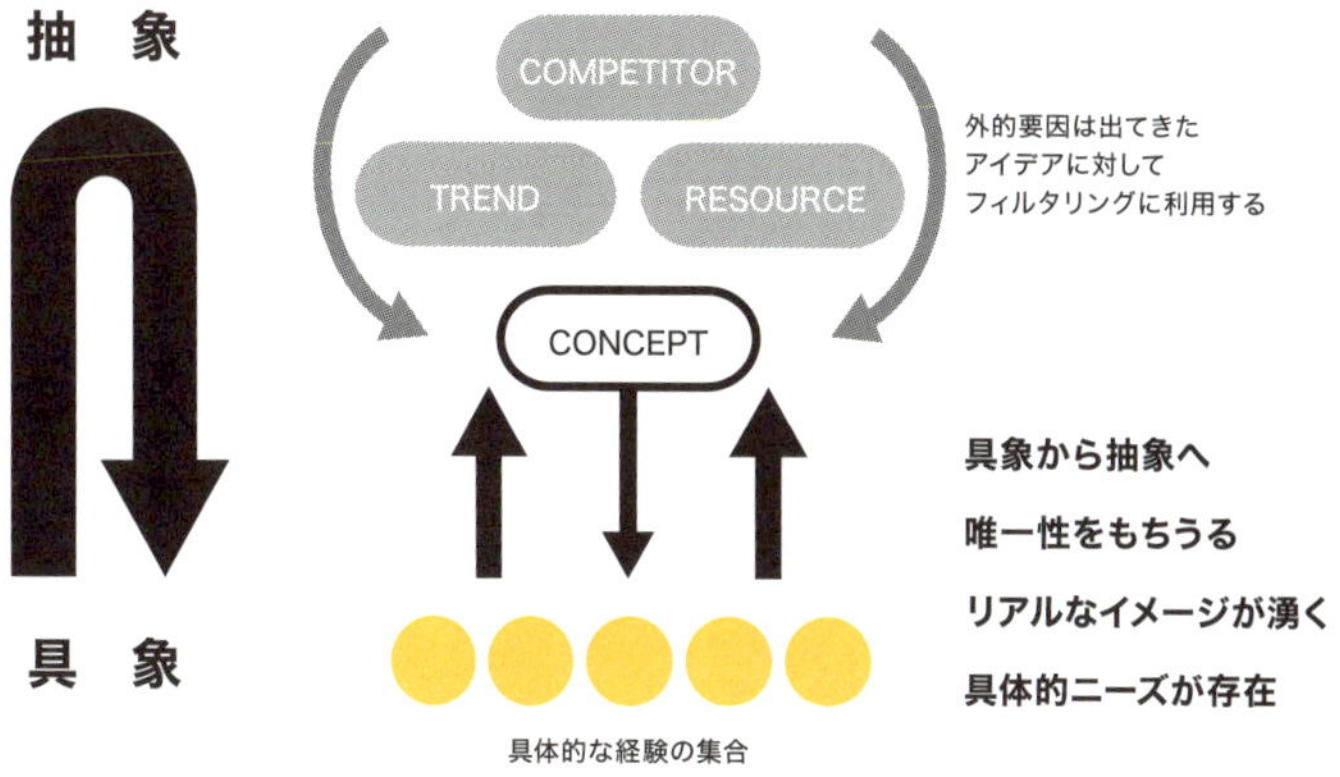
抽　象
具　象
COMPETITOR
TREND
RESOURCE
外的要因は出てきた
アイデアに対して
フィルタリングに利用する
CONCEPT
具象から抽象へ
唯一性をもちうる
リアルなイメージが湧く
具体的ニーズが存在
具体的な経験の集合

4. N＝1をディープに理解するためのティップス

■自分を知ることで他者を理解する

さて、N＝1の作り方をもう少し掘り下げていきましょう。アイデアのきっかけとなる自らの発意をどのようにつかまえればいいのか。今度はそこにフォーカスしていきます。

まずは、やっぱり生活者である自分を知ることが大事です。「自分を知らずして他人を知ることはかなわず」ということですね。しかしながら、自分自身が生活者になるということが難しいとおっしゃる方が意外と多い。だからこそ、自分を知る努力が必要だと思います。当然ターゲットが自分のような人ではなくて、異性だったり国籍が違ったり、年齢が違ったりはあるでしょう。それでも自分を知ることができなくて他人を知ることができるかというとなかなか難しいのではないでしょうか。そして先ほども述べたように、自分を知ることで他者との共通項や違いを見出すこともできるようになると考えています。

自分を精緻に理解することができれば、モチベーションのありかが見えてくるし、それによって自分を動かすことができます。そうやって人は意欲的になることもあるわけです。ユーザ

ーの心の揺れ動きを捉えるために、何よりもまず自分の心理を理解し、行動を変容するためのトリガーを作ってみる。そんな試行錯誤を重ねることで、他人の心理や行動にどう働きかければいいかというコツみたいなものがつかめてきます。

■**思考を構造化する**

もう1つは思考を構造化するというものがあります。

例えば自分が好きなことを思い浮かべてください。僕は洋服がすごく好きなんですね。僕の服の好みを深掘りしていくと、とにかくモノが好きな「モノ派」で、好きだと思ったら要不要にかかわらず買ってしまうタイプです。これと思うものがあれば、洋服のコーディネートとかクローゼットに何があるかとか全体感とか考えず、とにかく買っちゃう。服に関して価値の見極めが直感的なんですね。こういう人はオブジェクト（物質）に対しての志向が強く、自分のモ・ノ・サ・シがはっきりしていて、ユニークネスを重視する。クローゼットには大体似た服が並びます。買った後で、「あれ、似た服があったな」と気づく。こんなふうに自分の「好き」を要素分解するわけです。

この対抗軸を考えてみます。モノ志向の〈オブジェクト〉に対して、洋服の場合であれば〈装い〉。全体感ですね。〈ユニークネス〉に対しては〈リファレンス〉。前者が自分のモ・ノ・サ・シ重視で、後者が周囲の評判を重視している。

例えば〈オブジェクト〉志向で〈リファレンス〉重視という人は「ブランド派」でしょうか。好きなブランドが決まっていて、そのブランドがリファレンスとなっている。たしかに「モノ派」もブランド物は買うんだけど、それは本当に気に入った場合だけで、しかもあからさまにブランド物と分かるものは買いません。ブランド派の人は、そのブランドであることが大事だから、逆に分かりやすいものを買う場合もある。また比較的高額でも手を出しちゃうタイプです。クローゼットの中は同じブランドが揃いつつ、結構派手なものが並ぶ傾向にあるかもしれません。

〈リファレンス〉重視で〈装い〉に気を遣う人は、コーディネートを重んじる「コーデ派」ですね。PinterestやInstagramを見ながら、「こんな格好をしたい」といって選ぶ。ブランドかどうかはあまり重要じゃなくて、こういう格好をしたいという思いが強い。クローゼットは、ある一時を切り取ればとても揃っている。でも翌年には全く変わっているかもしれない。購買回数は4象限の中で一番多いと思います。

最後が「カオス派」。これはいわゆるカリスマやファッショニスタと呼ばれている人たちでしょうか。おじさんのシャツもあえて着こなしてしまう。たしかに〈装い〉重視なんだけど、スタイルが良かったり、雰囲気がある人だからイケてしまう。普通の人が着こなせない組み合わせなのに、なぜだか素敵と感じるコーディネートの人、たまにいますよね。そういう人です。

ファッションの場合

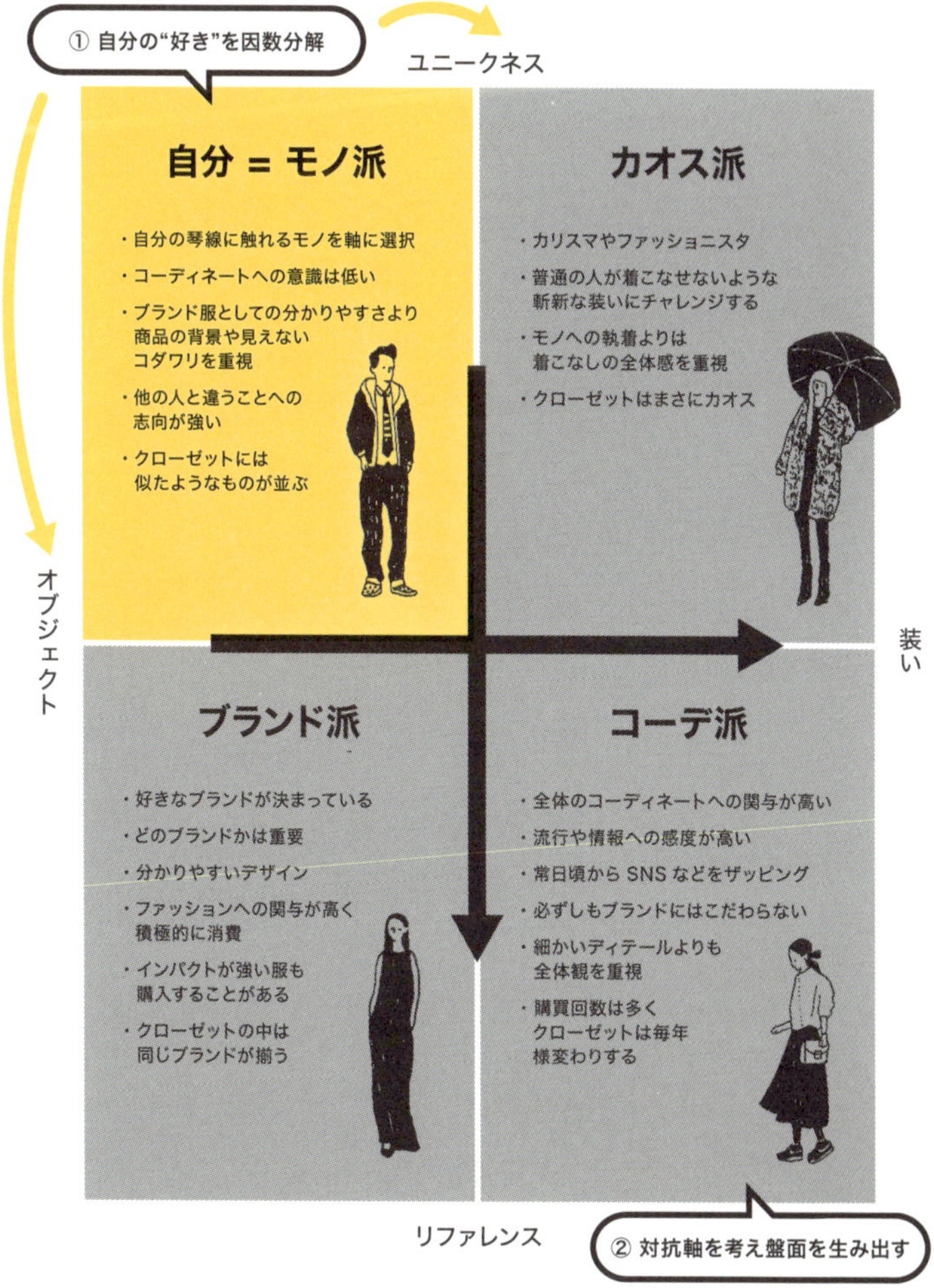

① 自分の“好き”を因数分解
ユニークネス
オブジェクト
装い
リファレンス
② 対抗軸を考え盤面を生み出す
自分＝モノ派
・自分の琴線に触れるモノを軸に選択
・コーディネートへの意識は低い
・ブランド服としての分かりやすさより商品の背景や見えないコダワリを重視
・他の人と違うことへの志向が強い
・クローゼットには似たようなものが並ぶ
カオス派
・カリスマやファッショニスタ
・普通の人が着こなせないような斬新な装いにチャレンジする
・モノへの執着よりは着こなしの全体感を重視
・クローゼットはまさにカオス
ブランド派
・好きなブランドが決まっている
・どのブランドかは重要
・分かりやすいデザイン
・ファッションへの関与が高く積極的に消費
・インパクトが強い服も購入することがある
・クローゼットの中は同じブランドが揃う
コーデ派
・全体のコーディネートへの関与が高い
・流行や情報への感度が高い
・常日頃から SNS などをザッピング
・必ずしもブランドにはこだわらない
・細かいディテールよりも全体観を重視
・購買回数は多くクローゼットは毎年様変わりする

たしかに〈ユニークネス〉はあるんですけど、別にモノへの執着が大きいわけではなく、自分自身がどう見られているか、どう輝けるかへ意識が向いているのかもしれません。

このマトリクスを考えるのに、統計的なデータを取ったわけではありません。自分がまず「モノ派」であることを理解して、ならば両軸でその裏があるはずだと考えた結果です。自分の好きなものは、なぜ好きかを他人のことよりもかなりの精度で理解できるはず。それを分解して、さらにその要素を整理する軸を設定することで、2軸が直交する状況を作ってみる。反対方向とか斜め方向に何かないかなと探してみるんです。

立脚点はあくまで自分の好みを理解すること。その上で4象限を区切った場合に、他の3つを捉えうるということです。こうやって4象限を作ると、それぞれのタイプの購買行動が見えてきます。この人はどういう嗜好性で買っているのかが理解できるようになる。それは自ずと顧客の心理の動きを捉えるのに役立つというわけです。

コラム② 予兆分析でN＝1

■予兆分析でN＝1を作り出す

N＝1からコンセプトを導出する方法論について、もう少し手の内をお見せします。僕らが行っているのは、予兆分析という手法です。N＝1の体験や個人の中にある何らかの文脈から、コンセプトを再構成するための方法論です。

予兆分析というのは、先ほどの通常のプロセスと対極にある、具象から抽象を導き出すものです。まずはメンバーに予兆情報シートを配って、1人10個くらいを目安にそれぞれの情報を書き込んでもらいます。この段階ではまだアイデアとか企画案ではなく、これから作ろうとする事業に関係しそうな個人的な体験、感覚、印象、現時点の不満、未来への期待といったことで構いません。書き込んだシートを集めて、KJ法*を通じて要素分解しつつキーワードを整理し、それを再結合してコンセプトを導き出していくというのが基本の流れです。

例えば、ビールの新商品開発に当たって、コンセプトを作るとしましょう。未来のビールにつながるかもなと思えること、自分の生活の中で心を動かされた体験をメンバーから収集しま

＊KJ法：収集した情報を整理するための手法。付箋紙などを活用してカード化し、それをグループごとにまとめながら、全体を把握したり、情報を整理・分析したりする。文化人類学者である川喜田二郎氏が考案した。

す。あるメンバーから、「私は家のベランダで1人でビールを飲む時間が至福のときなんです。ベランダが一番くつろげるので」という意見が出たとします。自宅はどんどん狭小化しているから、お父さんの部屋がないわけですよ。トイレもお風呂も長居できない。それでベランダという唯一の居場所で、ビールを飲みながら一息つくというシチュエーション。実際にありそうですよね。こうした個人の体験、価値観、文脈を内包したものを、どんどん集めていきます。

その後、これらを分解して、例えば「居場所探し」「一息つく」「1人でビール」といったキーワードを抜き出し、別の情報から出たキーワードもあわせてそれをコンセプトへと昇華するわけです。たとえば、「新人アイドルは完璧じゃないから応援したくなるんです。」といった話が出てきたりもします。そこから「応援したくなる」「若者の挑戦」「不完全と成長」なんてキーワードも浮かびます。その先に「若手醸造家が作ったビール」なんてコンセプトが生まれるかもしれません。ビール会社は「〇〇を応援します」というコミュニケーションワードを使うことも多いのですが、逆に「みんなに応援されるビール」というのは新しいですよね。

そこから改めて、最初に集めた一次情報の背景に戻っていきます。このアイデアに紐づく社会的状況やトレンドを探ったうえで文脈の再構築を行います（なぜこのアイデアに必然性があるのかを一続きの文脈にするわけです）。既に、具体的事例は収集されているので、もはや単なるジャストアイデアではありません。

最後に一般的な要素でフィルタリングしていきます。ビールでいえば、味わいの分類、飲み方の提案、商品トレンド、イメージ戦略などといった具合です。これは予兆分析をしてから後で考えるんですね。プロセスは思いつきみたいなところから始めるんだけど、最後にもう一度、ロジック側から攻めていってアイデアの精度を高めていく。要は価値とか価値観をちゃんとつくった上で、いざビジネスをするというときに、実現可能性やリソースを加味して再検討していくわけです。

予兆分析のプロセス

STEP 1
予兆情報の収集

自分の体験や事例に基づく情報を収集する。得られた一次情報に関して、その背景や施策のポイント、体験価値等に関する自己分析を行う。

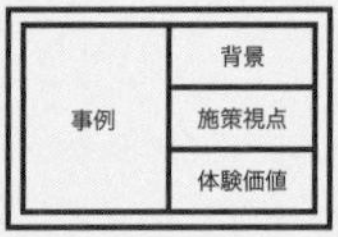

情報シート

STEP 2
キーワード抽出と構造化

各人が分析した「背景」「施策視点」「体験価値」に分けて、KJ法を用いてキーワードを抽出し構造化を行う。

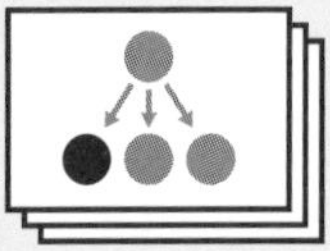

背景 + 施策視点 + 体験価値

STEP 3
アイデア開発と再文脈化

キーワードから新たなアイデアを生成。そのアイデアと紐づくキーワードを基に、文脈を再構築する。

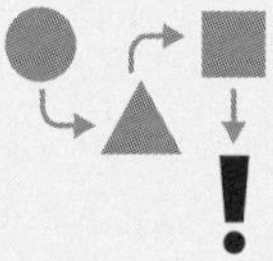

例：ビールの場合

テーマ

未来のビールにつながる自分の生活の中で心を動かされた体験を1人10個集め分析する。

ベランダで1人で呑む時間が至福

Point

・N=1の体験価値であること
・ビールのことや飲料業界に捉われない

新人アイドルは完璧じゃないから応援したい

居場所探し	一息つく
応援したくなる	1人でビール
若者の挑戦	不完全と成長

みんなに応援されるビール
||
若手醸造家が造ったビール

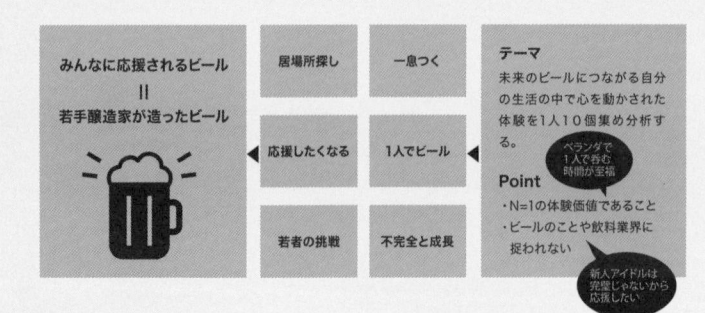

5章　関係性のブランディングの作法

～短所でもいい。そこに特徴はあるか～

1. 関係性のブランディング

■これまでのブランディングの考え方

ブランドとは何なのか？　このような話は様々な書籍で解説されているので、ここでは特段説明は不要だと思いますが、僕の中では「信頼と期待値」こそがブランドの本質だと考えています。**「あるステークホルダーにとって企業やその事業活動などが識別的に認識されていて、ある一定の期待値とそれに起因する信頼を獲得している」時にその企業や事業活動などをブランドと言うのだと思うのです。**そしてその企業・事業活動等がブランドとして認識されている時に、競合などほかの選択肢に比して、名指しで選択される可能性が高まり、結果的に事業などの持続可能性や収益性を担保しやすい状況になります。

これまでのブランド論ではブランドプロミス（ブランドが顧客に対して約束すること）やブランドフィロソフィ（ブランドが首尾一貫してもつ哲学）のように顧客に対して一方的に提示する自身のあり方が重要視されていたように思います。たしかに現代においても純然とその考え方は有効だと思うのですが、僕は少し考え方が異なります。**「私が何者か？」という考え方**

に縛られるのではなく、「私とあなた（顧客）との関係性がどうありたいのか？」。その関係性を築くためには、自分自身の態度をフレキシブルに変化させていくようなブランドのあり方が今日的ではないだろうかと思うのです。

時代や社会トレンドといった激しく変化する川の流れの中で、その流れに抗い、その場に踏みとどまり続ける杭となることも1つですが、流れに身を任せながらも、相対的な位置は変えないあり方もあるんじゃないでしょうか？　むしろ踏みとどまる杭の方が時として大きな流れからは取り残されて相対的には変化してしまっているなんてこともあるかもしれません。

人間同士でも同じことが言えると思います。久々に会った2人が「○○君、相変わらずだなぁ」と懐かしみながらも今も変わらぬ友情を感じる。きっと彼らが再会するまでの数年の間、それぞれ何も変わっていなかったわけでも、何もしてこなかったわけでもないのに、ある意味で変化してきたからこそ両者には変わらない関係の一貫性が存在していた。

また人間同士のコミュニケーションでは、自分の上司や同僚、両親や友人など相手によってコトバも使い分けているはず。ですがブランド（企業）と人との関係になった途端、「顧客」と対象を一括りにしてしまい、同じコトバ遣いや態度を取ってしまう。それっておかしなことかもしれない。

僕はブランドと顧客との関係は人間同士の関係に似ていると考えています。そんな気付きに端を発したブランディングの考え方が「関係性のブランディング」です。

■ブランドと顧客との関係性に注目する

関係性のブランディングとは、「ブランドとステークホルダーとの関係性に注目し、ありたい信頼関係を構築するためのアプローチ」のことです。価値を作って一時的に人を惹きつけても、それだけでは末永く続くファンを獲得できるわけではありません。顧客との結びつきのあり方を考え、それを作っていくことが大事になります。

その際に、ステークホルダーのブランドに対する信頼の質の違いを見極め、ステークホルダーにどのように思われているのか、あるいはどのように思われたいのか、を考える必要があります。

両者の関係性を捉える際、ブランドを擬人化すればより分かりやすくなるかもしれません。実際、スマイルズでは**「ブランドは人である」**というスタンスを前提に事業に臨んでいます。これについては後で詳しく説明します。

また、ステークホルダーというのは、基本的には「生活者」「顧客」と考えていただければいいでしょう。厳密にいえば、自社の従業員のこともあれば、いま挙げた以外の人のこともあります。この本はお客様とより良い関係の構築を模索する企業の方が多く読んでくださっていると思うので、ここではステークホルダーの代表格をひとまず「顧客」とします。

この章では、そもそも関係性のブランディングとは何ぞやというところから、著名ブランドの顧客との関係性、企業アイデンティティの変遷、顧客をつかんで離さない関係性などについて考察し、ではどうやって個別の関係性を結べばいいか、スマイルズではどんなアプローチを実践しているかという方法論をお伝えしていきます。

■要素によって関係性は4タイプ

関係性のブランディングでは、個々の要素を4象限で整理して捉えます（というとコムズカシク感じますが、大丈夫、図を見ていただければ直感的に理解できると思います）。縦軸は上下／並列の関係を示します。上方向はブランドとステークホルダーが上下の関係にあり、下方向は並列の関係にあるということ。横軸は、その信頼関係が何を元にして成り立っているかを示します。右方向が論理的に信頼し、左が情緒的に信頼していることを示します。両軸の掛け合わせで、135ページの図のように象限ごとに4タイプの関係性があると分かります。

身近な人間関係でたとえてみれば、こんな感じになるでしょうか。

右上の、論理的で、かつ上下関係があるということは、そこに規範性があるということ〈**規範的関係**〉。先生や上司との関係に近いでしょう。この関係性を受け入れている顧客は、間違いない選択だと判断しているわけですね。

右下の論理的で並列な関係では、顧客は合理的判断によってその企業や製品を受容している

〈合理的関係〉。人間関係でいうと、同僚や取引先さんのイメージです。対等な立場で仕事を手伝ってくれるとか、お金を払うことで困りごとを解決してくれるような存在といえます。

左上、情緒的かつ上下のあるものは**〈宗教的関係〉**です。規範的関係において「これが正しいだろう」と考えるのとは違って、「これがいい」「これでなければならない」と盲目的に判断している。安心とかコストパフォーマンスとかも抜きにして、完全に信頼して、その思想に陶酔している。個人ベースでいうと、両親や心底憧れる人などがイメージされます。

左下の情緒的で並列の関係、これは**〈共感的関係〉**で、兄弟や友人が該当するでしょう。気の置けない友人の頼み事は、見返りなんて気にせずやってあげたくなるのは、まさにこの共感的信頼関係があるからなのだと思います。

■自動車のブランドに見る顧客との関係性

実際の企業やブランドでも考えてみましょう。といっても、ここで挙げる企業やブランドは、あくまで一般的にこういうイメージを持たれているんじゃないかという意味で書かせてもらっています。別に統計を取ったわけではなく、多分に僕の主観も入っていますので、そこはご承知おきください。

例えば、クルマ。規範的な関係の代表格といえば、やっぱりトヨタじゃないでしょうか。間違いない選択ですよね、きっと。トヨタでも、ブランドによっては合理性もあったり、宗教的

関係性のブランディング・4つの関係

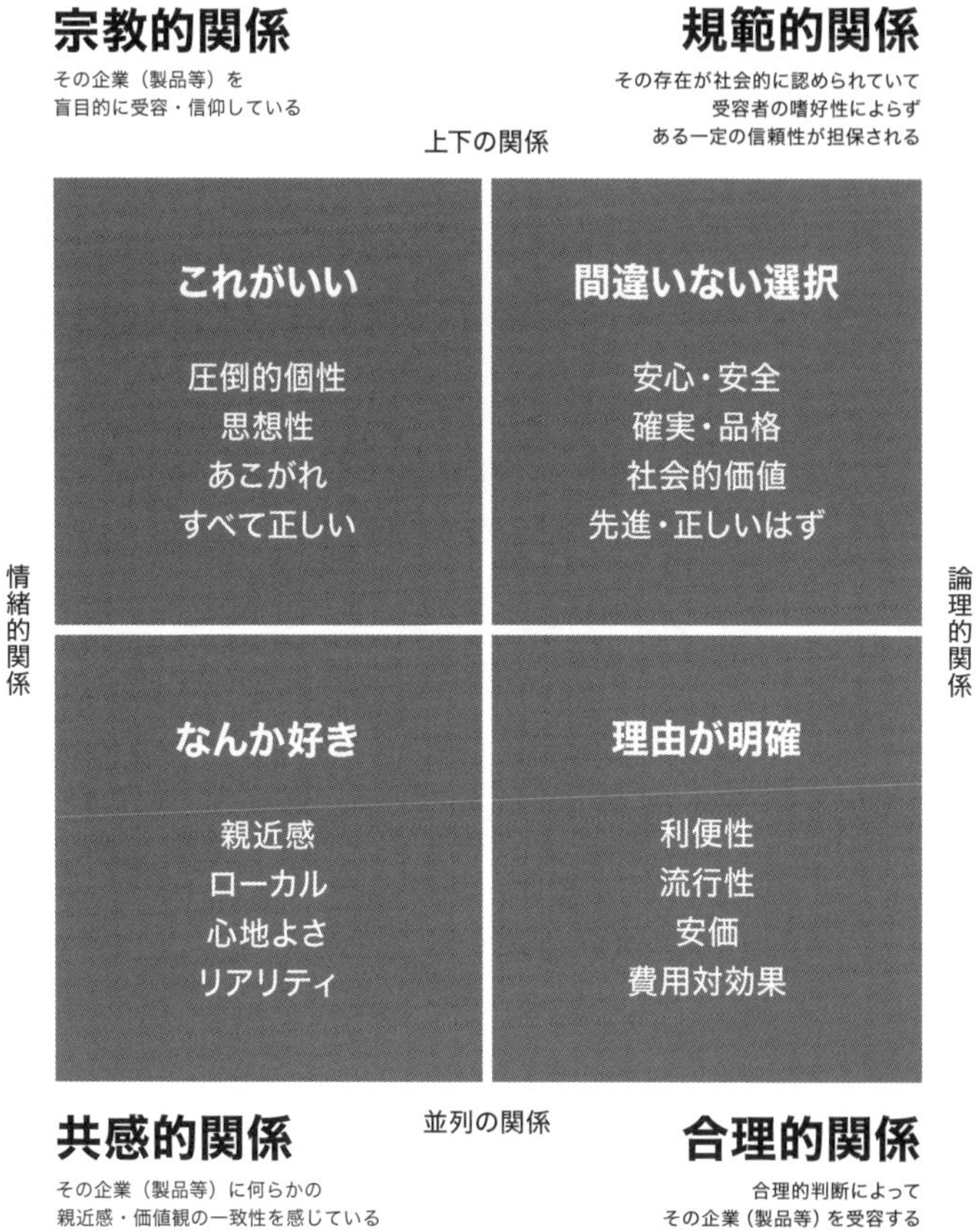
宗教的関係
その企業（製品等）を
盲目的に受容・信仰している
規範的関係
その存在が社会的に認められていて
受容者の嗜好性によらず
ある一定の信頼性が担保される
上下の関係
これがいい
圧倒的個性
思想性
あこがれ
すべて正しい
間違いない選択
安心・安全
確実・品格
社会的価値
先進・正しいはず
情緒的関係
論理的関係
なんか好き
親近感
ローカル
心地よさ
リアリティ
理由が明確
利便性
流行性
安価
費用対効果
並列の関係
共感的関係
その企業（製品等）に何らかの
親近感・価値観の一致性を感じている
合理的関係
合理的判断によって
その企業（製品等）を受容する

でもあったり、あるいは共感的でもあると思いますし、人によっても違うんですが、トヨタという企業ブランド自身には安心・安全や社会的価値を感じる人は多いでしょう。

合理的関係の代表格は、ダイハツやスズキ。比較的安価で燃費性能もいい。コンパクトだけど何でも積めるみたいな、非常にわかりやすいスペックで表現できるようなものが、ここに位置するでしょう。

宗教的関係の代表格といえばフェラーリですよね。走りや車体デザインだけでなく、エンジンルームやエンジン音までもが美しい。フェラーリファンの方であれば、その隅から隅に至るまで陶酔しきっているのではないでしょうか。それほど強固な神話性、絶対感があるんだと思います。

そして共感的関係の代表格といえば、ミニ（ＢＭＣ）かなと思っています。２０００年に終了するまで実に40年以上にわたり生産され続けたロングライフブランドです。燃費は悪い、乗り心地もすごくいいとは言えない、値段もけっして安くない。でもなんだかかわいい。ミニオーナーは乗り換える時もやっぱりミニ。理屈を超えた結びつきが、ユーザーとブランドの間にあるわけです。

■あなたとブランドとの関係性をワークしてみよう

実際に自分でもこの関係性のマトリクスを完成させてみると面白いと思います。ブランドや

人間関係でいうと…

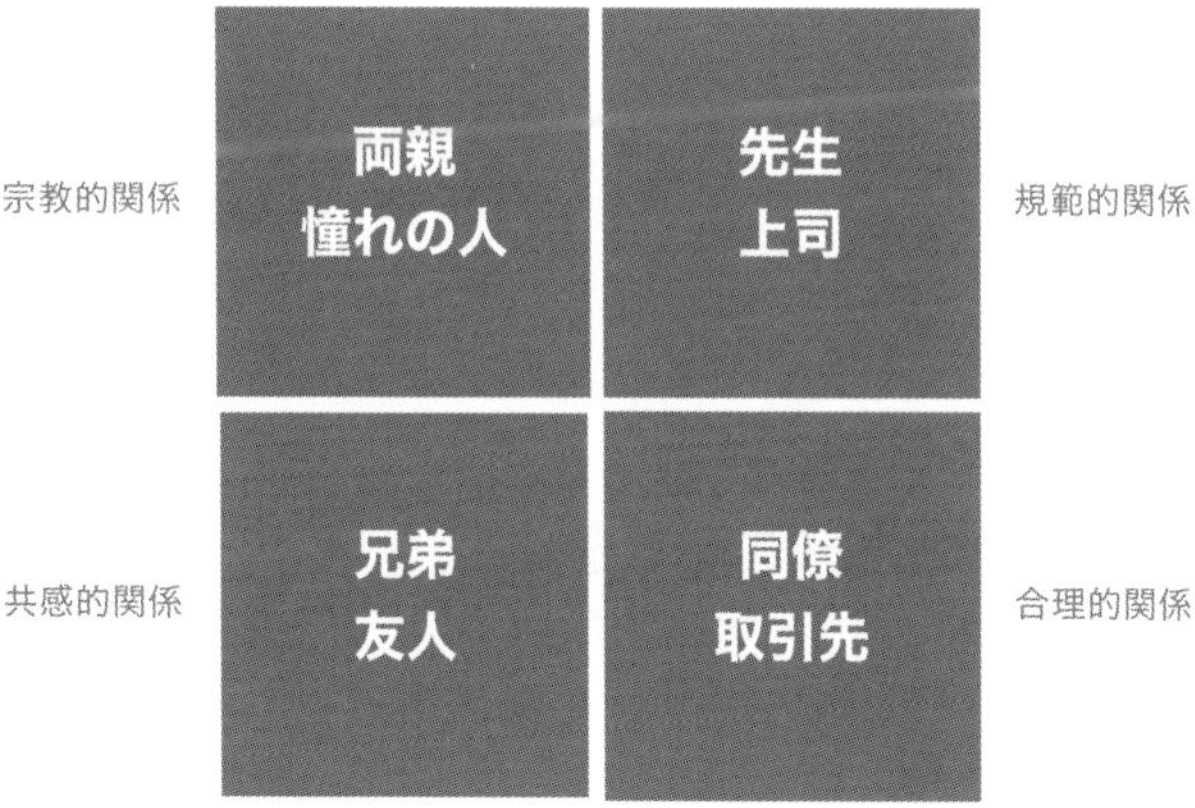

自動車業界でいうと…

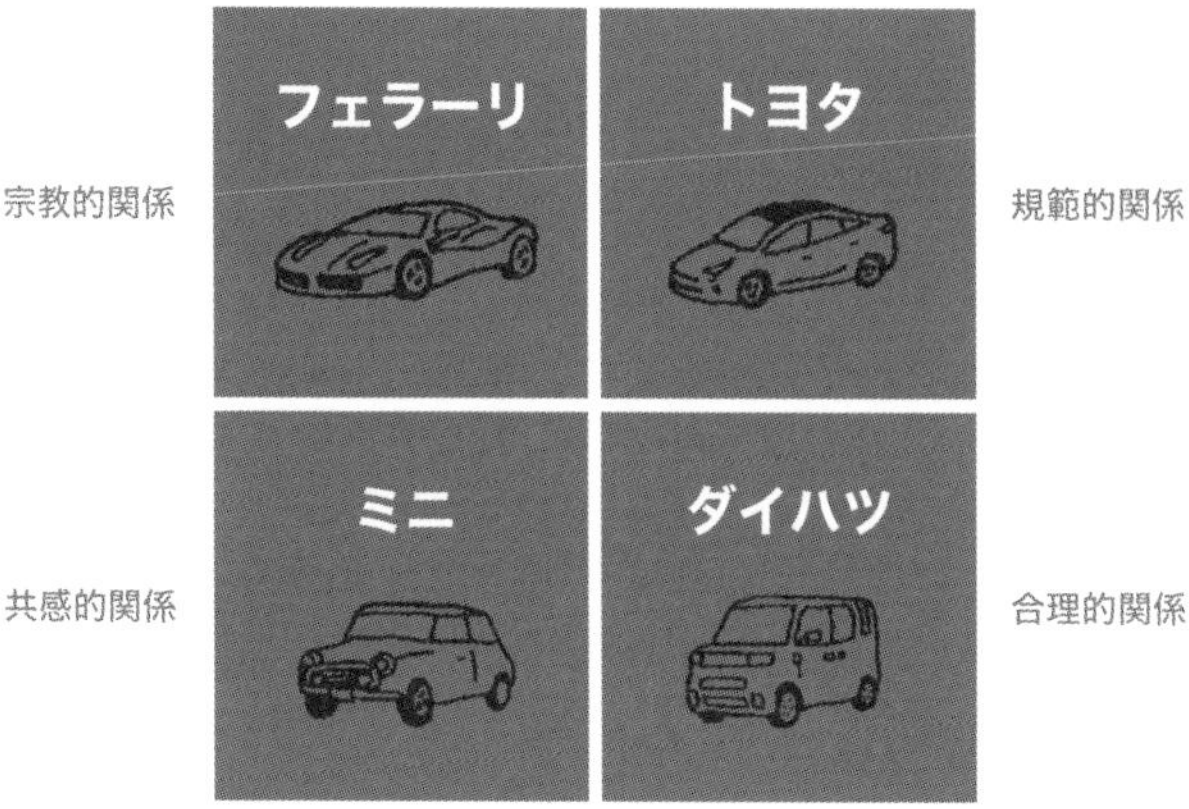

企業、業界など、何か1つを軸にして、この4象限に当てはまるものを考えてみてください。自分の勤める業界だと分かりやすいかもしれません。自分がタッチポイントとして持っている企業で、「ここは合理的に使っているな」とか「これは規範的だな」みたいな感じです。「私にとっての宗教的なブランドはこれ」というものを考えてみてもいい。実際に書こうとすると意外と難しいんですけど、やってみる価値はあります。

■業界によって重心が違う

一般的には、〈規範的関係〉にあるブランド＝業界のトップランナー、〈合理的関係〉にあるブランド＝フォロワー、〈宗教的関係〉や〈共感的関係〉にあるブランド＝ニッチャーと考えられますが、ポジションを明解に区切るというより、どこに重心があるかを分かりやすく捉えるためのマップとして使った方が、より正確な理解につながると思います。

例えば、トップランナーは規範的関係に置かれやすいんですが、トヨタ以外の企業では例えばNTTやJRといったインフラ系はここにいきやすい。そこに対して、価格施策を重視する企業はやっぱり合理的関係にいきやすかったりするし、コンビニ業界などは業界全体が合理的関係の形成に向かっている。そういうケースもあるわけです。銀行は規範的関係にいきやすいですよね。つまり、業界によって重心が違うということです。

そもそもブランドというものが最初に注目されたのは、化粧品やファッションの世界でした。シャネルのように、顧客を陶酔させ、虜にするブランドを巡ってブランド論というものが出てきた。だから最初はブランドといえば宗教的関係を築くことで付加価値の高い商品を提供する、その装置という理解だったんです。

それが次第に意味が拡張していったわけですが、その中で共感的関係というのは、傍からしたら何でこれが成立しているのかよくわからないものが実は多かったりします。

さほど安いわけではないし、特段おいしいわけでもないのに、なぜか行ってしまう地元の居酒屋とかありますよね。ああいうところはお客様一人ひとりと共感的関係で結ばれている。だからこそ息の長い営業ができるわけですね。

■情緒的信頼と論理的信頼

ちなみに、僕がこのマトリクスを思いついたきっかけは、「共感的関係というものがあるんじゃないか」と考えたことにあります。自分の高校の先輩に有名人がいて、面識はないけれどもなんとなく親しみを持っていました。その人がちょっとした話題で世間の注目を浴びていたとき、僕の家族はその人の主張に反対して非難していたんですが、僕はその主張を特に吟味するでもなく、ご本人が頑張っていることそれ自体を好意的に受け止めていました。その根拠は同じ高校出身だったというただその一点なんですよ。出身地が同じ人だったら何か気にかけてしまうことってありますよね。それと一緒です。

『信頼の構造――こころと社会の進化ゲーム』（山岸俊男、東京大学出版会）という本の中で、情緒的信頼と論理的信頼という話がなされているんですね。これを読んで「情緒的に信頼」ってあるんだなと気付いたときに、この反対があるはずと直感しました。それで探していったらたしかにあったんです。それが規範的関係だったと。たしかに自分が企業を見るときに、信頼や正しさ、確実性を期待していることがあるわけです。

そんな実体験も踏まえて、生活者として価値を受容する際に、その期待値が企業やブランドによって微妙に異なっていることに気付いた。この理論はそこから出発しているんです。

■企業の提供する価値は「量」→「質」→「想」へ変化する

そもそも日本ではブランドはどのようにして成り立ってきたのか、その時代的変遷についてちょっと考えてみます。1970年代半ばから80年代までは、CI（コーポレートアイデンティティ）の確立が企業や企業グループのテーマでした。背景にあるのは、事業の多角化やコングロマリット*化による企業やグループの再統合、あるいはグローバル化です。デザインとしてはベーシックエレメント*、すなわちみんなが信じられるよりどころを作りにいこうといったスタンスが求められました。

＊コングロマリット（conglomerate）：多分野の事業を展開する複合企業。

＊ベーシックエレメント：CI活動におけるデザインやイメージの基本要素。これによりビジュアル展開に統一感が保たれる。通常は、シンボルマーク、ロゴ、コーポレート・カラーを意味する。

	アイデンティティのテーマ	アイデンティティの対象	背景にある経営課題	
70年代半ば～80年代	CI コーポレート アイデンティティ	企業および 企業グループ	・事業の多角化 ・企業および企業グループの再統合 ・グローバル化	「量」
90年代半ば～00年代	ブランディング	ブランド ・企業 ・事業 ・商品 ・サービス	・高付加価値の追求 ・成長手段としてのM&A 持株会社化 ・IT化への対応	「質」
これから	関係性	プロジェクト ・ブランド ・イベント ・コミュニティ ・個人	・生存競争激化 ・企業の社会的責任 ・露出機会の平等化	「想」

そこから90年代に向けて競争が激化していく中で、ブランディングという言葉が生まれ、様々なところで使われるようになっていきます。それまではアイデンティティの主体が企業や企業グループに限られていたものが、事業やサービスにも拡大。付加価値の追求、M&Aや持株会社化、IT化への対応といった経営課題を背景に、企業が提供するあらゆるものをひっくるめてブランドと位置づけるようになったわけです。

今の時代は、このブランディング重視の流れの終焉に近いところにあると思うんですね。従来型のブランディングを脱して、また別の新しいものをテーマにアイデンティティを追求していくことになるのではないかと。

経営課題としては、生存競争の激化だとか、市場がコモディティ化する中でどうやって生き抜いていくか、あるいは企業の社会的責任といったことが問われてきている。要は存在価値ですよね。生き残るのに意味がある企業になりえるかということ。

顧客や市場が企業に何を求めるかという視点でこの変遷をまとめれば、CI時代の「量」からブランディングの「質」へ変化して、さらにいまは「想」、企業に対してステークホルダーがどのような想いを抱くかというところが重視されてきているんじゃないかと思います。

かつては企業のスケールが信頼や安心、安全を生み出してくれました。それが最大の価値だったわけです。そこから競争をより優位に進めるための付加価値競争へと発展していったものの、結局はこれまでのプレイヤーたちの内輪の競争であることに変わりなかった。

それが現在では、ITやSNSの発展によって露出機会が平等化したことで、広告が打てないようなニッチャーでもそれなりの量の情報を発信できるようになりました。個人メディアも台頭して存在感を発揮しています。またコモディティ化した市場においては事業規模の大小にかかわらず商品の品質への関与はある程度希薄になります（どこの商品でも品質には大差ないと顧客が考える傾向にあります）。さらにそのようなコモディティ市場には異業種の新規参入も増加し、競争のフィールドはより複雑化していきます。結果として、これまでの企業やブランドからの一方通行的な価値の提示は無意味化して、個々の生活者にとって何の意味があるのかということが問われる時代になってきたということです。

■情緒的関係を持っている方がリスク耐性が高い

ということで、関係性のブランディングの4象限に話を戻しましょう。どの関係性が顧客とより強く結びつくことができると思いますか？

論理的関係は誰しもが等しく求める価値の一般性を備えやすいので、市場としてはシェアを大きく獲得できる傾向があります。しかしながら、顧客との信頼関係に論理性がある分、絶えずその行動の正しさや合理性を求められるという側面もあります。その期待値を裏切ったときの顧客の離脱可能性も高まります。

例えば安さがウリであった企業が、ブランド力が付いたと思い込み、自社の主力商品の価格を上げたとします。途端に業績が下降するケースが散見されますよね。これは顧客とブランドとの関係があくまで合理的関係を前提として、低価格や費用対効果の高さを期待されていたからではないでしょうか。また〈規範的関係〉を結んでいる企業にとっても、学校で言うならば学級委員長のような立ち位置だからこそ、どうしても品行方正を求められてしまい、ちょっとしたおふざけすらできない。

情緒的関係を構築しているブランドはニッチャーになりやすいものの、一方で何かあった時のリスク耐性は高いケースが多いように思われます。

僕の愛車は30年前のボルボなんですが、さすがのボルボも時々壊れてしまうわけです。長距離運転のときは少しドキドキ。それでも愛してやまないのは友人のような〈共感〉で結ばれているからなんですね（僕からの一方的共感ですが笑）。

例えば顧客と宗教的関係や共感的関係がある企業の製品が壊れたとしても、それすらも肯定してしまうことがある。頑丈さとか安全性といったプロダクト性能ではない、別のところに顧客はコミットしているわけです。

また〈共感的関係〉の場合、「なんとなく好きだから」という結びつきは、裏を返せば嫌いになる理由も生まれにくい。期待値が不明確であればこそ、離れる理由にもならないということですね。皆さんの周りに性格的にはアクが強いし、クセがあるのに、なんとなく許せてしまう人っていませんか？（笑）。むしろ結構好きだったり、気の置けない間柄であったり。そのような人との関係性の方が案外長く続くことはよくあります。腐れ縁のような関係でしょうか。

それはブランドと人との関係性にも重なります。スマイルズが〈共感的関係〉を築きたいと考える理由はそこにあるわけです。

■アップルにおけるブランディング戦略の変化

とはいえ、先ほども述べたように、ある企業やブランドが1つの象限に収まっているわけではありません。例えば、共感性に一番重心を置きつつ、同時に規範性や合理性を満たす場合もあるでしょう。あくまで重心位置がどこにあるかという話で、実際にはすべての要素を持っているケースが多くあります。

あるいは同じ企業でもブランドごとに象限が異なるかもしれません。トヨタの例では、ある人にとってレクサスは〈宗教的関係〉で、プリウスは〈規範的関係〉、ヴィッツは〈合理的関係〉とか、ブランドごとで関係性をベースにしたポートフォリオを組んでいる可能性もありますよね。

時代の変化に合わせて重心を移していくということもあるでしょう。例えば、アップルの場合、かつてはスティーブ・ジョブズや革新的なプロダクトをテコに顧客と〈宗教的関係〉を強く結んでいました。その時は一部のエバンジェリストたちがその価値の伝搬者を担っていたわけですが、近年、共感的関係や規範的関係もカバーし始めているという印象です。アップルストアでは店員と顧客という関係でなく、アップル製品を愛する仲間同士というコンセプトで接客しています。対面接客ではなく、隣同士でＩＴやガジェットに強い友人のように接してくれますよね。まさにブランドと顧客とが一体感のある〈共感的関係〉を築こうとしているわけです。グーグルのアンドロイドなどと比べると、iPhoneは道徳的に疑問視されるアプリに対していち早く規制をしていて、ある種の規範性が意識されていたりする。かと思えば、iPodのようなスペックが高い割に価格を抑えた、コストパフォーマンスに優れた製品を出していたこともある。

多くの企業で実はすべてに根を張りつつ、さらに施策ごとで取るべき関係性の重心を分けているというのが正確なところだと思います。

2. 各社の事例に見る、関係性構築のためのヒント

では、個別の関係性を築くためには、具体的にどんな手立てがあるのか。国内外の企業や製品、サービスといった実例を元に、そのヒントを探ってみましょう。

まず〈規範的関係〉ですが、筆頭に挙げられるのはパナソニックの自社不良品の回収、無償修理活動ではないでしょうか。

■規範的関係——パナソニックのリコール活動

1985年から1992年まで販売された同社（当時はナショナルでしたが）の石油ファンヒーターによる事故が多発したことを受けて、2005年から徹底的な回収活動を展開しました。当該製品を1台5万円で引き取るという対応を打ち出したほか、日本の全世帯へのDM発送、テレビ・ラジオコマーシャルのすべてをリコール告知に差し替える、ホームページのトップページでリコール告知を掲げるなど、その徹底ぶりは際立っていました。

宣伝広告費の数百億円分をリコールの告知に回したと言われますが、結果的にパナソニックという企業の信頼性やブランド力は高まりました。ブランドランキングでも実際に上昇する結

果になっている。製品に対する責任を引き受けるという覚悟を顧客や社会に対してきっちり示したわけです。ちなみに2018年にパナソニックのホームページを見た時にはまだ一番最初のページで当該製品の回収告知を行っていました。とてつもない徹底ぶりですよね。

それともう1つ、このリコール活動を通じて、おそらく社内の規範意識の高さもアピールできたと思います。いろいろな部門の従業員が、自分たちにとって信頼、安心、安全というのは、もう絶対にないがしろにしてはならない、かけがえのないコア・コンピタンスだということを認識していたからこそ、あれほど徹底してリコール活動を行えた。そんなところも含めて、事業の危機はその企業の本質をあぶり出すことにもなるんですね。

個人的にも印象深い出来事でした。同社はあまりにも事業領域が広いため、どうしても事業の選択と集中が難しく、各事業領域では、例えば掃除機や空気清浄機のようなカテゴリーに特化したメーカーとの局地的攻防が繰り広げられている最中でした。総合家電メーカーという規範的価値が失われつつある時代だったわけです。商品の訴求ポイントを見ても、顧客にとっては知覚不能なほど微細で複雑なものとなっていた。もはや総合家電メーカーは日本には必要ないのかなと考えていた矢先にこの事案が発生したわけです。そのあまりの対応の早さと覚悟に「やっぱりパナソニック」と畏敬の念と揺るぎない信頼を感じたものです。

■合理的関係――変化するペプシのデザイン

合理的関係でわかりやすい例としてはペプシです。ブランド自体が比較的柔軟性をもっていて、時代の変化を許容する傾向があります。

競合といえばもちろんコカ・コーラなんですけど、コカ・コーラは創業から今までロゴがほとんど変わっていないんですね。でもペプシはどんどん変わっていく。彼らは時代の変化に合わせて柔軟に変えていくんです。以前は、当時流行り始めていた三次元表現をロゴに取り入れて先進性を醸成していました。また近年は、かなりシンプルでコントラストも抑えスマートでモダンな印象を与えます。もっというなら、商品ごとでロゴすら変わっていることもある。自分たちは時代の変化に適応していくんだ、進取性、柔軟性があるんだということを訴えて、コアの購買層である若者の購買意欲を喚起し続けることを大切にしているのでしょう。

■共感的関係――村田製作所のアイドル

共感的関係を結んでいるブランドというと、村田製作所が開発する、自転車に乗るロボット「ムラタセイサク君®」が思い浮かびます。

展示会に行くと、村田製作所のブースではいつもセイサク君が自転車に乗って細い坂を登っていたり細い平均台の上を渡ったりしています。そして周りを大勢の人が取り囲んで、「頑張れー！」と応援しているんです。何が面白いって、セイサク君、たまに失敗して落ちるんですよ。技術者さんたちは、もう我が子に接するような感じで、セイサク君を支えたりしている。いや、人間がフォローするんじゃ意味ないじゃんと思うんですけど（笑）。でも技術者さんとセイサク君の一生懸命な姿を見て、周りも思わず応援したくなるんです。何とも言えない愛嬌があるわけです。

展示会での集客力はすごいですよ。ほとんどアイドルの域に達している。ということで、なぜか愛されているという存在です。これは村田製作所のフォーマルなブランディングではないかもしれませんが、結果的に村田製作所という企業に対してのある種の人間性、親しみやすさを感じさせるという意味で、素晴らしいコミュニケーション手段になっていると思います。

■宗教的関係——任天堂の伝説的な神対応

宗教的関係の企業として元ゲーマーの僕が真っ先に思い浮かぶのは、何といっても任天堂です。バズるというよりも〝くちこまれる〟という状況の伝説みたいな話は宗教がかっています。任天堂はご存知の通り、ニンテンドーＤＳというゲーム機を出していますよね。人気のある、愛されているブランドです。これで毎日ゲームをしていたあるお子さんのＤＳが壊れたということで、任天堂に修理に出したそうなんです。ただ、修理が難しいということで新品を送り返すことになったんですが、重要なのはここからで、このお子さんはＤＳにポケモンのシール等をいっぱい貼っていたんですね。お気に入りの「僕だけのＤＳ」だから。

時代とともに変化し続けるペプシのロゴ

無性に応援したくなる村田製作所のムラタセイサク君 ®

写真提供：村田製作所

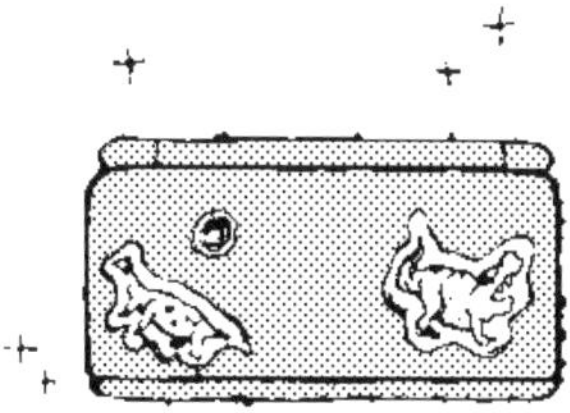

修理に出したら、交換したゲーム機に
修理前と同じ場所にシールを貼り直して送る、
任天堂の神対応

任天堂の担当者は全く同じ場所にシールを貼り直してDSを送り返してきたそうです。単なるニンテンドーDSじゃなくて、完全にそのお子さんのものにして返した。「何だ、その偏執的なこだわりは」って言われるかもしれないけど、そういう情報がネットを駆けめぐって〝くちこまれ〟るわけです。僕がジラフのプロモーションで意識した〝宣教師〟が勝手に増殖していくような感じですよね。

この逸話はことの真偽は置いておいても、任天堂だったらいかにもありそうな話。実際に「任天堂の神対応」は、いち時期「#任天堂を許すな」というハッシュタグでTwitter上を賑わせていました（許すなってどういうこと？　と思った方はネットを検索してみてください）。そんなのを聞いてしまったら、もうたまらないわけですよ。サポート力うんぬんでなく、「もう一生ついていきます！」というくらいの気分にさせてくれる。この子が親になったら自分の子どもに与えるゲーム機はきっと任天堂の商品になるんじゃないでしょうか。

ある種伝説になるようなストーリーやイメージをまとえるか。そこが宗教的関係を築く上でのポイントかなと思います。

■宗教的関係を築くための信仰のメカニズム

例えばアップルであれば、スティーブ・ジョブズという教祖がいて、アップルストアのような教会的拠点があり、そこにはエバンジェリストといわれる宣教師が多くいて、新製品発売日

宗教的関係のブランドはメカニズムが存在する

	アップル	ディズニー	赤福
教祖の存在	スティーブ・ジョブズ	ウォルト・ディズニー	
“経典”となりうる背景	ホームブリュー（自家醸造）から始まった	・ディズニーランドにはゴミ1つ無い ・ミッキーは1人だけ	・創業300年の老舗 ・おかげさまの心
“教会”的流通拠点	アップルストア	ディズニーランド	伊勢神宮の信仰の強い地域に限定した販売網
“宣教師”的な無償の語り部	多数のエバンジェリストが存在		
“信者”的な顧客	新製品発売にはとりあえず並ぶ	従業員＝キャスト 客＝ゲスト	
“偶像・聖地”的な視覚上の識別性	革新的製品群	ウォルトディズニーの署名 ミッキーマウス	伊勢神宮・おかげ横丁 赤福餅
“儀式”的な作法や経験	・開封の儀 ・独自のインターフェース	現実感を与えない体験	関西に行ったらとりあえず赤福

には行列に並んで買うという信者的な顧客がいる。アップルの製品群はまさに偶像化しているし、製品を開ける際の「開封の儀」や独自のインターフェースも宗教における儀式的作法に通じます。製品とその周辺に張り巡らされた様々なタッチポイントが信仰のメカニズムと共通しているわけです。

宗教的関係というのは意図的に作るのは相当難しいです。経営者やキーパーソンにカリスマ性があれば可能性はあるけれども、そういうリソースがない場合は難しい。ただ、それでもある種のお作法があったり、経典を暗示するようなストーリーがあれば、意外と宗教的関係は結ばれうるのかなとも思います。

例えばシャネルであれば、マリリン・モンローが「私はナンバー5だけ着て寝る」と言った。それにより、シャネルの5番の香水は神格化されました。たった一言であっても、何かしらの蠱惑的《こわくてき》な仕掛けが施されると、一気に宗教的な関係性が紡がれることもあるということです。

■目指すブランディングは、〝特徴〟を生かした関係性づくり

ここまで4つの関係性と企業事例をお話ししましたが、大概の企業は規範的関係へ向かう傾向があります。飲食店などでよく◯◯産小麦を使用とか、A5ランクの牛肉を使用と書かれたメニューを見かけるかと思います。産地やグレードを明示化することである意味での規範性や

ここはきっとおいしいに違いない、間違いない選択だと生活者に感じてもらおうとしているわけです。最初にそのようなコミュニケーションを打ち出したブランドは先行者の恩恵にあずかることもしばしばあるわけですが、もはや今となってはありふれた表現になりつつあります。識別性は失われ、どのお店も同じに見えてしまうような……。

そこで大切なのは自分たち自身の〝特徴〟を捉えることなんです。かつて東京・神田に「いもや」（現在は閉店）という天丼屋さんがありました。リーズナブルに天丼を食べることができると人気だったんですが、そのお店の最大の特徴は徹底したクレンリネス（清潔感）にありました。今でもウェブ上に口コミが残っているので読んでいただければ分かりますが、「いもや」の口コミの大半は、きれいすぎる白木のカウンターやピカピカに磨かれたステンレスの厨房の話であふれています。ただでさえ油モノを扱っていて汚れていても仕方ない厨房やカウンターが驚くほどにきれいであることで、そのお店が提供する商品への信頼に繋がっていたわけです。クレンリネスとは飲食店において基本的に満たさなければならない普通の要件ではあるのですが、〝図抜けた普通〟が価値になることがあるんですね。「いもや」が差別化を意識して行動していたかは分かりませんが、ほかにはない〝特徴〟が、顧客を惹きつけていたのはたしかです。

また皆とは違う関係性へスライドすることも大切です。先ほども申し上げたように、コモディティ化された市場においては多くの場合、各プレイヤーは同じ関係性へ向かいがちです。そこでこれまでとは違う顧客との関係を紡ぎにいった場合に、競合とは違うポジショニングを獲得することができうるのです。次ページから、市場において自分の特徴に鑑《かんが》みた上で、これまでとは違う関係性を見出した事例を紹介します。

3. 新たな関係性を構築した2つの事例

では、新しい関係性を築くためには、具体的にどんな手立てがあるのか。2つの実例を基に、そのヒントを探ってみましょう。

■短所を生かした金太郎飴本店

まず、有名な金太郎飴。それを作っているのが金太郎飴本店です。切っても切っても同じ顔が出てくるあめの元祖ですね。この会社のリブランディングの話です。僕たちがお手伝いしたわけではないのですが、かかわった方のお話がすごく面白かったので印象に残っている事例です。

金太郎飴本店の方々は、多くの競合他社がいる中で、自分たちは業界の元祖で歴史も一番あるという自負から、「もう一度、老舗感を出したい」「品格感を訴求したい」「切っても切ってもちゃんと同じ顔が出てくる高品質感を醸成したい」と言っていたそうです。でも、実際のところは、工場の中で年配の職人さんが家内制手工業のような感じで作っていて、職人さんの調子や気分によって案外顔の表情が変わっていたこともあったそうです。それはそれですごくかわいいし親近感が湧くんだけれども、会社としてはそれを短所と捉えていた。要するに事業の現実と自分たちの願望にズレがあったわけです。

そこであるクリエイティブディレクターの方がどうしたかというと、「顔が変わるという短所を価値に変えましょう」と提案したんですね。その時点では短所であったとしても、その特徴を長所に切り替えることができれば、それは可能性になるということです。

金太郎飴は結婚式の引き出物で、新郎と新婦の顔を模したあめとしてよく使われていたので、顔の形が違うことを逆手に取って、1つずつ違う表情がありつつも、でも全部この人なんだとアピールした。人間って、そもそもそういうものですからね。多面性があるし、能面みたいに1つの表情よりも、いろんな表情があった方が親しみが湧く。そういうプロモーションをしたら、すごく売れ行きが伸びたらしいです。

それまで目指していた「老舗です」「正確無比です」というところではなくて、「職人さんが手作りしています」「だから顔は一つひとつ違うけれども、あなたがみなさんに見せてきた、いろんな表情を伝えられるんです」とコミュニケーションを変えたことで、商品の価値がいきなり顧客に響くものに変化した。

これは非常にうまいブランディングだと思います。企業が目指したい姿以上に、今ある特徴を捉え、新たな関係性を構築することができれば、より高いレベルの価値に近づけていけることを示しているわけですね。関係性のブランディングの話でいえば、この企業は〈規範的関

金太郎飴本店の場合

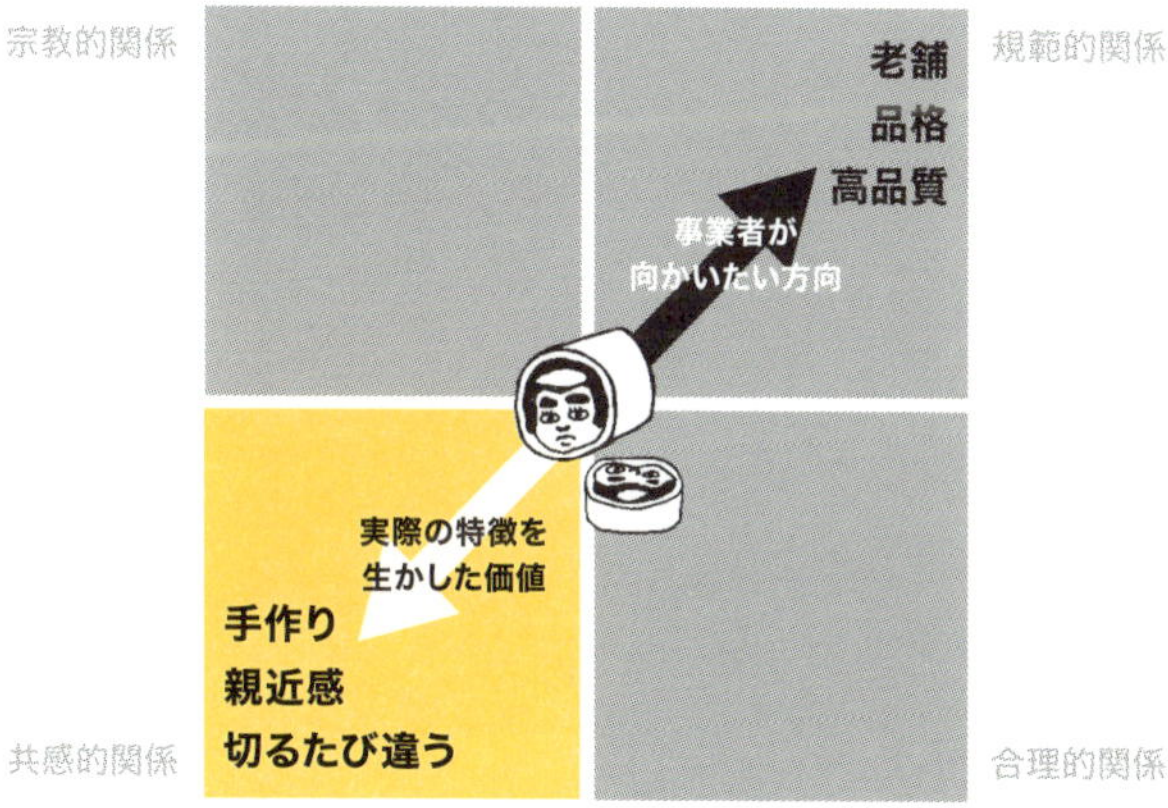

KOTO BRANDの場合

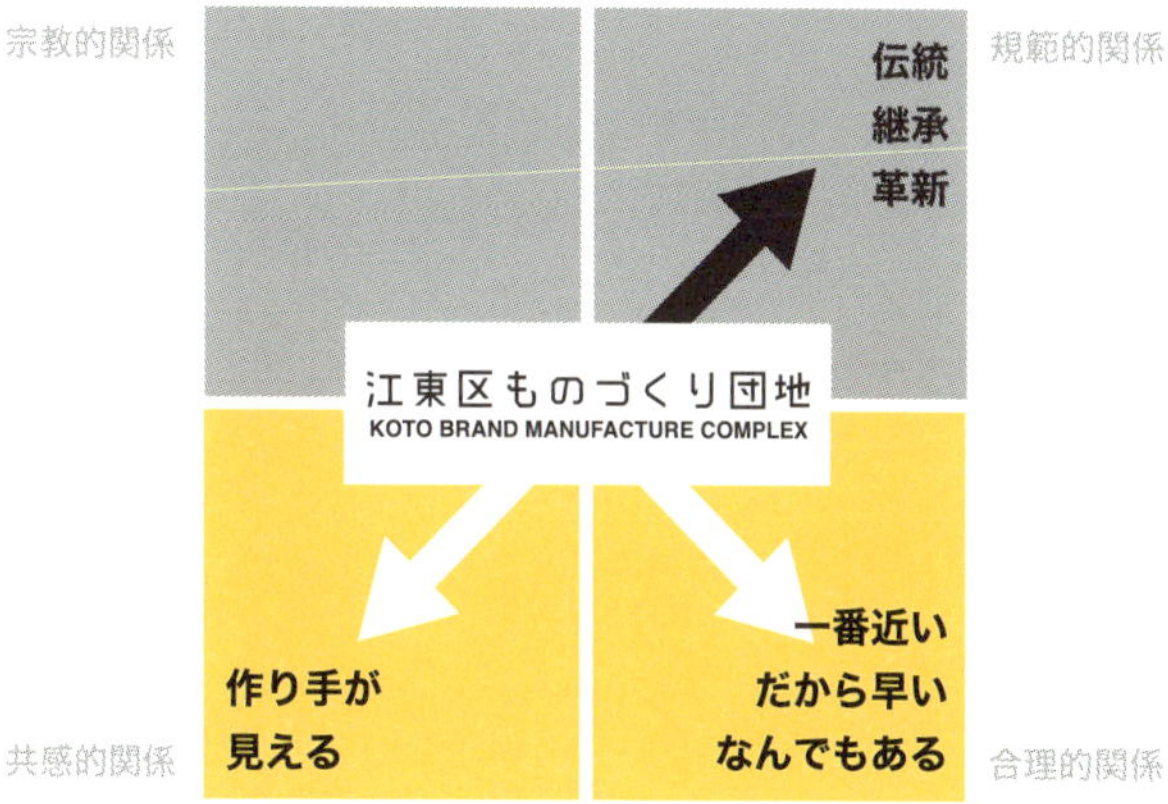

係〉に行きたかったけれども、あなた方の特徴を見たら共感性の方が強みがありますよ、目指すべきはそこじゃないですか、と導いたということです。

■地域のモノヅクリの価値を変える？　江東ブランドの取り組み

僕たちは「江東ブランド」という江東区の様々なものづくり企業を取りまとめたブランド推進事業のお手伝いしています。僕たちが関わる以前から既に3年ほど運営されていた「江東ブランド」推進事業をスマイルズが引き継ぐカタチでプロジェクトが始まりました。3年前受け継いだ際のコンセプトは「継承と革新」。今では数多くの地域ものづくりブランドが生まれていますが、伝統や革新といったキーワードはどの地域でも出てくるものです。要は規範性を醸成したいと考えた上でのメッセージです。地域の伝統を守り未来へ引き継いでいくという意思を具現化しているという意味では、決して間違ったコンセプトではないのですが、どうしてもどこの地域とも似たようなメッセージとなり、その地域独自の特徴は〝見えない化〟してしまいます。

江東区の特徴を考えると、強みは違うところにあることが見えてきました。まず、圧倒的な地の利ですよね。何といっても都内にあるわけだから、発注してくれるであろう企業と工場との距離が物理的に近い。打ち合わせやプロトタイプの確認も早くできます。鉄やステンレスのものづくりに強い燕三条は新潟県ですし、陶器だったら有田が強いけれども佐賀県まで行かなければならない。都内の産地であるということはそれだけで合理的な強みなんです。また先ほど挙げた他の地域と比較して、江東区は鉄に強いとか、ガラスで有名だというような業種や素材の専門性があったわけではありません。新木場は木材で有名ですが、それ以外にも様々な業種の企業が参加しているブランド推進事業でした。

都内なので抜群に近くて、だから早くて、なんでもできる。これはまさに東急ハンズならぬ「江東ハンズ」なんじゃないかと考えたわけです。BtoBにおける東急ハンズを目指した方が可能性が広がると考えました。

実際、企業の人が足を運びやすいし、そうすると作っている人の顔も見えてくるから、結果として共感性も醸成されます。都内の地の利や取り扱う品目の幅の広さという合理的関係と、技術者のパーソナリティという面での共感的関係を融合したところでタッチポイントを探りながらブランディングを進めています。

おかげさまでかつてよりも当該事業のプレゼンスは確実に高まっていて、参加企業の中には外部のアワードを受賞されたり、成果に繋がっているところも出てきているようです。

関係性を構築する上で、自分たちがどう見られたいかということ以上に自分たちの長所も短所も含めて特徴を生かすということは重要ですし、リブランディングを考えているならば、今その業界においてコモディティ化してしまっている関係性を把握した上で、あえてその関係性から離れ、別の関係性へ向けてスライドさせるというやり方もあるのです。

僕たちはブランディングをする際、ステークホルダーにどこでどう接してもらい、どう感じてもらって、どう踏み込んでもらうかという文脈の設計に力を入れています。江東ブランド推進事業においても、展示会における見え方やカタログに至るまで、求められている以上に力を入れて展開しました。これは単に展示会に来場する潜在顧客の方々へ向かうだけでなく、同様のブランド事業を推進している他の行政区域の方へのPRも意図しています。直接的な来場者への分かりやすいメッセージを伝えるだけではなく、同業他社を通じて情報が重層的に循環することを意図しました。それも「伝統」や「革新」といったマジックワードに頼ることなく、独自でありながらもたしかにある価値を携えて、他の行政の方々が少し憧れてしまうような見え方も意識して。

自社や商品の特徴を捉えることは大事ですが、その特徴を事業者側の主観ではなく、くれぐれもステークホルダーの主観で捉えなければなりません。もうちょっと言うと、事業者としての自分じゃなくて、生活者としての自分だったら、その特徴は価値となりえるのか、どのようにコミュニケーションをとれば価値に変換されうるのかを意識しなければなりません。そんなことを考えながら改めてステークホルダーとの関係性を見直してみる。そうすれば一般的なモ・ノ・サ・シでは短所であった特徴も長所に変換できることがあるんです。

4. 順調でも関係性を検証し、時には再構築もいとわない

■利益率が高いのはどの関係性？

どんな関係性を構築したとしても、ここで気になるのは利益率ではないでしょうか？　利益率の面でいうと、一般的な見方では宗教的関係や共感的関係の部分が高いと思われるかもしれません。だってそれだけ強固なファンがいるから、という理屈ですね。宗教的関係ではたしかにそうかもしれませんが、共感的関係においては必ずしも高くないと思うんです。低いとは言わないけれども、高いとは言えない。

ただ、共感的ポジションを取ったブランドは長期的な関係性の維持が可能だと思います。僕たちがこの関係性を目指していることはお伝えしましたが、今年の利益よりも、10年後、20年後も変わらぬ顧客との関係を築くことの方を重視しているからです。要は、共感的な関係を築くことでブランドからの離脱者を減らし、長期の関係性を築くことで、ライフタイムバリューを最大化していきたいと考えています。規範的関係性とか合理的関係性に比べた場合、企業同士の価格競争やシェア争い、市場動向への追従などに巻き込まれることなく、じっくりと目の

前のお客様と向き合える。時として市場の競争原理は顧客にとっての価値とは離れ、市場の都合となってしまう事が多い中で、周囲の雑音は無視して、顧客とだけ向き合えるからこそ長きにわたる関係が維持できると考えています。

規範的関係でも価格変動はあまり影響がないと思いますが、合理的関係ではやっぱり影響は大きいですよね。安さに魅力を感じていた顧客にとっては、値上げされたら価値が失われるということですから。

なので、利益をどう捉えるかという問題でもあるんですね。体力のある会社なら薄利多売で合理性を追求することも1つのスタイルだし、それとも長期的かつ安定的な関係性でお客様とつながっていくことを重視するのか。比較的長く続けていきながら、顧客1人当たりの売上を最大化していくというような考え方を、共感的関係や宗教的関係の中で実践していくことができれば、それが一番強いということは言えるかもしれません。

■文脈を意識し、客観性も探ってみる

もう1つのポイントは、文脈を意識すること。何らかの形で他社に対して優位性を担保していくことは大前提なんだけれども、その価値を届ける際に、ターゲットである人物に対して一続きの文脈を作っていくことです。そこで必要になるのが「N＝1」の視点なんですね。相手

は何をしてもらえたら喜ぶか、何を感じたら自分たちを指名してくれるだろうかを突き詰めて考える。N＝1を基点に考えているから、完全に文脈がつながっているわけです。

例えば、文具やオフィス家具を扱っている会社は品揃えも価格帯も、ほぼ同じだと思います。そこで例えば総務の方に「これだけよくしてくれたから、お宅のところで買うわよ」と思ってもらえれば、頭ひとつ抜けることができます。製品に対する信頼性や品揃えの充実といった規範性を担保した上で、さらに情緒的なつながりを取りにいくのです。

ブランドというものの本来の意味は識別性であると話しましたが、そうやって他と区別されて指名買いされる状況を作れるかどうかは、顧客とのストーリーをどう描けるかにかかっています。顧客の文脈において何が価値となりえるのかを徹底的に探っていく。であればこそ、この場合はこの盤面にいった方がいいとか、状況に応じた判断が必要になってくるわけですね。

また、うまくいっているなら、必ずしも関係性を変える必要はないんですけど、本当にこのままでいいのかなという目線で随時見直すことも大事でしょう。もし同じ象限に業界のみんながいるならば、そこがどの象限であろうとも、いずれは合理的関係性の戦いになっていきます。これといった差別化が図られないままだから、最終的に選ばれる決め手は価格ということになる。例えば銀行であれば、より利息が高い方へとお客様が流れてしまうということです。

でも、そうするとどんどん市場はシュリンクしていくでしょう。それをもし止めたいのであれば、そうじゃない関係性をとりにいかないといけない。今の自分たちのポジションや行っている施策が、その目指す関係性における文脈形成に役立っているかを冷静に見極めなければなりません。

コンビニエンスストアの業界であれば、基本的に各社とも合理性を追求されているけれども、一部で見られるインフラとして社会を支えようという動きは規範性の方向に重心を少しずらしているわけです。そうすることで他社とは違う側面が顧客に見えてくるんですね。今後、共感的コンビニとか宗教的コンビニなんて出てきたら面白くなってきそうですね。

■最大の障壁は中にある

ただ、そうやって関係性のテコ入れをしようとしたとき、障壁になるのって案外社内の反対だったりします。特に経営層が鍋蓋になってしまう。数十年も続いているブランドだとなおさらそういう傾向が顕著で、実際はブランドがかなり疲弊しているから時代とともに変えていかなきゃいけないんだけれども、経営層が変えることを許さない、あるいは変える勇気がないということもあると思います。

経営層の肝いりで新規事業開発チームが発足したのに、一向に新規事業が生まれないという話はよく耳にします。最大のボトルネックは「いいアイデアが生まれない」とか「我が社のスタッフの企画力が弱い」とかそのような話ではなくて、**「新しいモノサシにチャレンジする経**

営層の勇気がない」ということかもしれませんね。

社内の岩盤がどうしようもなく堅くて動かせないという場合は、外部の力を使うのも1つの手だと思います。例えば一般の人々にアンケートを取ってみると、現実を突きつけられます。自分たちでは宗教的関係のところにいて、競合他社は合理的関係のところにいて差別化できていると思っていたけれども、実は外から見たら合理的関係のところで十把《じっぱ》ひとからげにされていた、なんて実態が見えてくるかもしれません。こういうことって結構あるんですよ。

外部からどう見られているのかを探って、そこで得られた材料を元に社内の意識改革を図るという方法もアリだということ。客観性をいかに獲得するかも1つのカギになるわけです。**現実社会においてはN＝1に端を発しながらも、客観性を武器にして説得していく柔軟な姿勢も大切です。**

6章　スマイルズのブランディング

1. スマイルズが大切にするのは共感的関係

■ブランディングの3つのポイント

スマイルズは基本的に、どんな事業でも〈**共感的関係**〉を目指します。安いから買うみたいなビジネスだったら、僕たちよりも圧倒的な試合巧者はたくさんいて、多分、僕らは負けてしまうんです。これは皮肉でもなんでもなくて、素直にそう思っています。ずっと同じルーティンを続けて効率を高めていくというようなことが、そもそも苦手な集団なんですね。それよりもお客様に驚いてもらったり、温かい気持ちになってもらったり、そんな人肌感のある事業を展開することに最大の喜びを覚えます。「世の中の体温をあげる」という会社の理念はまさに社員一人ひとりの働く意味と重なっているように思います。だからこそ、合理的関係はなかなか取りにいけない。あるいはそんなに企業スケールがないので、そもそもすごく難しい。

僕自身、一生活者として合理的関係に馴染まないというのもあります。価格破壊型の飲食店とかあるけれども、「どうしてこんな値段で提供できるのかな」「大丈夫かな、これ」みたいなことをつい考えてしまうんですね。そういう意味であまり興味が持てない。

ブランディングの3つのポイント

ブランドは人である

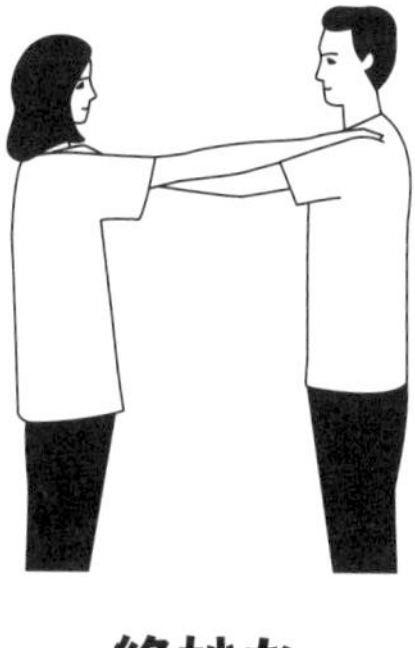

絶妙な距離感

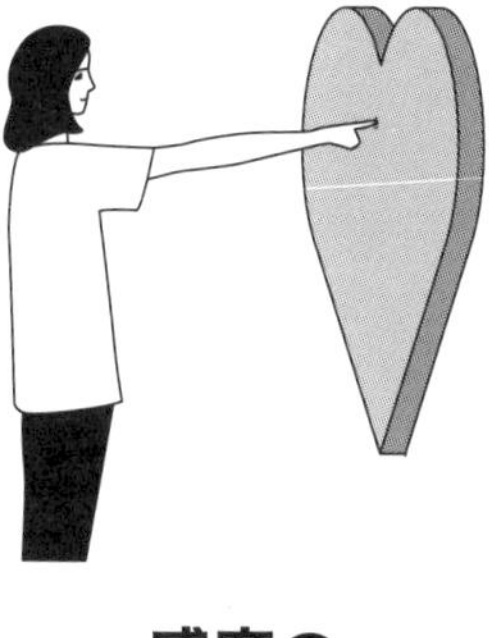

感度のスイッチ

もちろん、どんな事業でもコスト度外視というわけにいきませんから、当然、合理性は意識するんですけど、でも一番重心を置いているのはやっぱり共感的関係のところなんですね。4象限の中では一番人間くさくて、お客様が支えてくれる感じがある。僕らはそんなに完璧な人間の集まりではないので、そういう方がいいなという思いもあります。だからなんとなく共感性を目指しがちなんです。

ということで、スマイルズでは共感的関係を育むためにどんな施策を採っているのかというところへ話題を移していきましょう。僕らのブランディングのポイントは次の3つです。

◇ブランドは人である
◇絶妙な距離感
◇感度のスイッチ

先ほども言いましたが、関係性のあり方や構築の仕方に絶対の解はありません。企業の思い、戦略、事業フェーズ、状況、市場によってアプローチを探ることが重要です。従って、ここで説明することも1つのヒントとして考えていただければと思います。

2. ブランドは人である

■スープストックさん

関係性のブランディングを考えるにあたって僕たちが大事にしているのは、**「ブランドは人である」**ということです。例えば、スープストックトーキョーというブランド自体を擬人化していますす。ペルソナマーケティングの代表例として当ブランドを取り上げていただくことが多々あるんですが、ここで改めて申し上げます！　スープストックトーキョーはペルソナマーケティングはやっていません(笑)。いわゆるペ・ル・ソ・ナではなく、ブランドそのものを「スープストックさん」に見立てています。

175ページの図は創業当初の企画書から抜粋したスープストックトーキョー＝秋野つゆさんのプロファイルです。ここで挙げたのはごく一部ですが、実際にはこれ以上のボリュームがあります。この秋野つゆさんは、あまりトレンドに左右されず、精神的に自立しているので、右か左かというよりも、「いや、どっちもいろいろあるよね。私はこれを選ぶけど」というような感覚を持っている。好きなものははっきりしているけど、それを変に相手に押しつけることはきっとない。でも意外性もあって、例えば、みんなでカラオケに行ったら結構はっちゃけるような、そういう柔軟性も持ち合わせている。そんな女性のイメージですね。実のところ僕はこのプロファイルを読んだのはつい最近なんですが(笑)、入社した当初から記載されているイメージとほぼ同様の人間性をスープストックトーキョーに感じていました。実際にブランディングするときも、こうしたキャラクターを意識しています。

実際に社内でもこの人格を踏襲せよとか、入社したら皆に冊子が配られるということはありません。しかしながら、ブランドに関与する一人ひとりに自分なりの見え方でスープストックさんは存在しています。

■管理より可能性を重視

スマイルズのブランディングの基本的な考え方として、いわゆるブランドマネジメントはしていません。ブランドを〝管理〟するのでなく、このブランドだったら何をするかなという「妄想」を重視しています。つまり、〝禁則事項〟じゃなくて、〝可能性〟を重視しているわけですね。このブランドだったら何をやってくれるだろう、何が起こるのかなということを妄想する。すなわち、**〝決まり事〟ではなくて良い意味で〝ひとり歩き〟することを大切にしています。**

これはなぜかというと、例えば明文化した禁則事項があった場合、時代の変化に呼応しにく

ブランドの擬人化 ≠ ペルソナ

スープストックさん

名前：　秋野 つゆ　（女性：37歳）

Soup Stock Tokyoの
メニューは・・・彼女が作る、あるいは好むメニューです。
インテリアは・・彼女の性格をそのまま表したようなものです。
お客様は・・・・彼女の友達、彼女を慕って集まってくる人々です。

Soup Stock Tokyoの目指すものは・・・彼女の目指すもの、理想そのものです。

性格：　おっとりしているがシッカリしていて、自立している。
人のことはあまり気にせず、個性的。
あまり細かいことは気にせず、大雑把。
しかしこだわりは強い。知的で多くを語らない。

評判：　化粧気はないのに、綺麗。
オシャレに無頓着だがセンスが良い。
装飾的なものやファンシーなものは苦手でシンプルを好む。
とにかく、この人のやることは、無理なくすっきりとカッコいい。

信条：　「こうじゃなきゃいけない」という考えは持たない。

料理：　昨今のヘルシーブームには若干の違和感を抱きつつも、
やはり自然で安全なものを求む。
しかしあくまでもすっきりしたおいしさが一番。
人をもてなし、喜んでもらい、コミュニケーションするのが嬉しい。

理想：　個性的で魅力的な人、凄い人、圧倒的にチャーミングな人などと出会うこと。
その人たちと共有する考え・感性を具体的なカタチで社会に投げかけ、
個人や個人の集合である社会に対し、少しでも充実する様な提案をしていくこと。

くなるからです。時代が変われば個人も変わっていきますよね、当然。僕自身もそうで、本質は変わらないけれども、好きなものが変わっていったりするわけです。前述したスープストックさんにおいてもそうで、時代と共に微妙に変化していく。これは時代に対応するというより、時代に影響を受けて自分自身が緩やかに変化していくイメージです。

決まり事を決めてしまう、要は縛ってしまうと、時としてそれが時代錯誤になっていたりとか、あるいは今のスープストックさんの感性とずれていく可能性があるんですね。だから、なるべくいろんな状況の中で、たゆたゆと自分が移ろいゆくことも、そもそも人間としてごく必然のことなので、それも交えた上で取り組むのがスマイルズのブランディングのスタンスです。

■人格は可能性を生み出す

ブランドを人に見立てるのには別の理由もあって、それは**人格が可能性を生み出してくれる**からです。

例えばスープストックトーキョーでは、スープに彩りがあるからということで、それを邪魔しないように店内で余計な色を使わないようにしているんですが、スープストックトーキョーの中目黒店では、スープカップからどばどばーっとスープが床にこぼれて全体に拡がったというインスタレーションを床面全体に設けました。これまではそういったことはあまりしてこなかったんですが、でもスープストックさんだったらそれぐらいのダイナミックなことを、むし

ブランディングの基本スタンス

管理 ＜ 妄想

禁則 ＜ 可能性

決まり事 ＜ ひとり歩き

ろやるかもしれないということですね。

余計な色は使わないというルールはあるけれども、それを絶対に守るわけじゃなくて、あくまでそれはベースとして念頭に置くという程度です。きっとスープストックさんは、「あ、これはおもしろい」とか、「あ、これはいい」「これは必要だ」と思ったときにはきっとやるよねという考え方に基づいて、ぎちぎちに縛らずに柔軟に対応して、可能性を押し拡げていくわけです。だから「カレーストックトーキョー」のようなイベントも生まれうるわけです。

■トキメキは新たな自分に気づかせてくれる

通常のブランドマネジメントというのは、コンセプトが先にあります。それを体現するための規則や枠組みがあって、そこから施策が導かれていくんですね。要は、仮にこんなことをやったら面白い！とひらめいても、はじめに決めた枠組みから逸脱することは非常に難しい。

スマイルズの場合は逆で、「あ、何かこれいいな」という素直な感慨や、トキメキみたいなものを重視しています。スープストックさんならきっとこれをするはずだという妄想をテコにして、結果的にスープストックトーキョーというブランドの形が変化していく。

前にも言いましたが、ブランドは環境や状況の変化に応じて動いてはいるんだけれども、スープストックトーキョーとお客様の関係はおかげさまで結果的に変わっていないともいえるんじゃないかと思います。

人格は可能性を生み出す

基本スタンス

スープストックトーキョーは
スープに彩りがあるから
余計な色は使わない

▼

スープをこぼした床
スープストックトーキョー 中目黒店

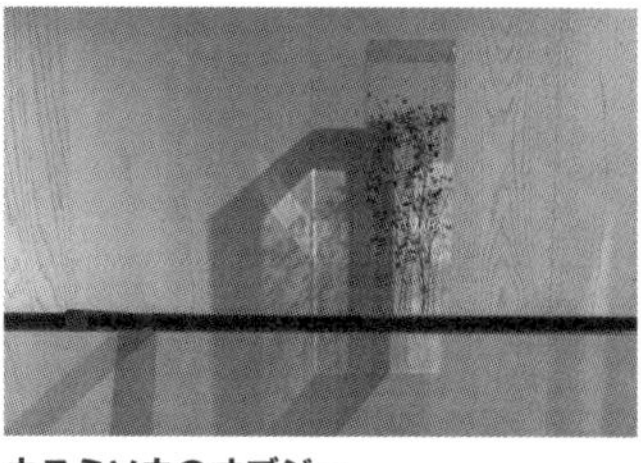

カスミソウのオブジェ
スープストックトーキョー Echika表参道店

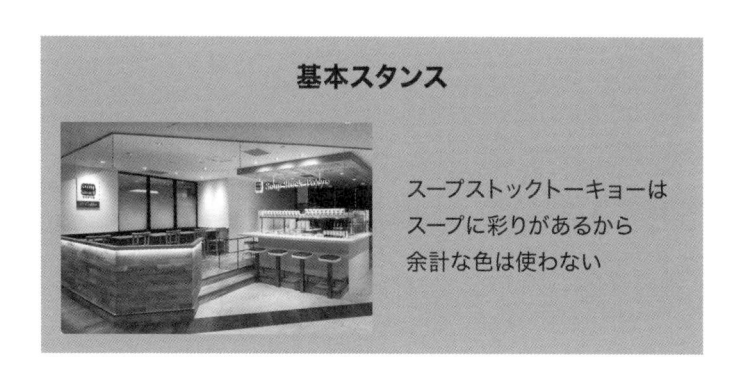

それからもう1つ。スマイルズでは、パートナーと呼んでいるアルバイトの方が社員の数倍在籍しています。スマイルズとスープストックトーキョーを合わせて約1400人に上ります。たしかに枠組みを決めてあげればすごく効率的に動けるかもしれないけれども、裏を返せば思考は停止しかねない。なぜこれをやっているか、理由もわからなければ、自分の中で腑に落ちていないということはよくあると思うんです。

だからスマイルズでは基本的に接客マニュアルは作りません。それぞれのお店や個々人に任せています。例えば自分が自分の描くスープストックさんであるならば、今このお客様にどう声をかけるべきか、どんなサービスをするべきかを自ずと考えて実行するはず。一人ひとりが考えて行動する集団になってくれれば、スープストックトーキョーはいい意味で自然に拡がって、新しい可能性を見出してくれると思うんですね。

2章で説明したカレーストックトーキョーはまさにそう。年に1日だけ、店頭からスープがなくなってカレー一色に染まるというイベントですけど、スープストックさんだったらそれくらい大胆なこともやるだろうという発想です。だからこれはスープストックさんの人格が生み出した価値でもあるわけですね。

中央集権的なやり方ではなくて、ボトムアップの形式で、個人がそのブランド本人になったつもりで動いていく。そういう風土作りを心掛けることで、「あ、これの方が絶対いい」「きっとこの人だったらこうするな」「この人だったらこうやってお客様を喜ばせるに違いない」と

ただの“枠組み”は思考を停止させる
“トキメキ”は新たな自分に気付かせてくれる

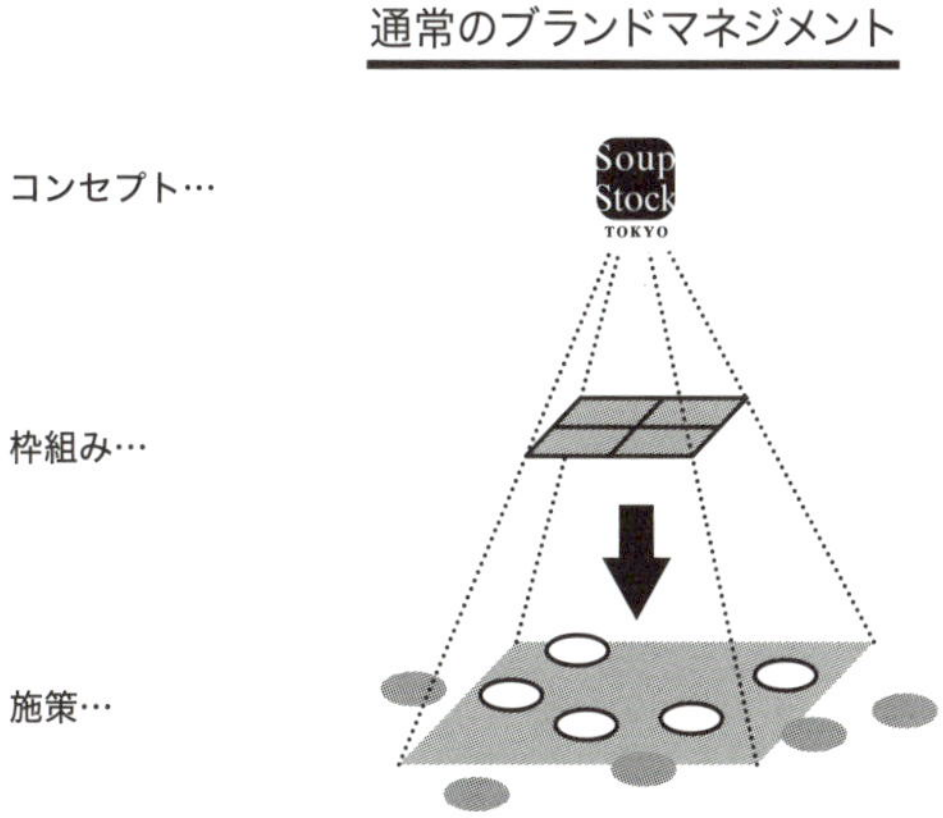

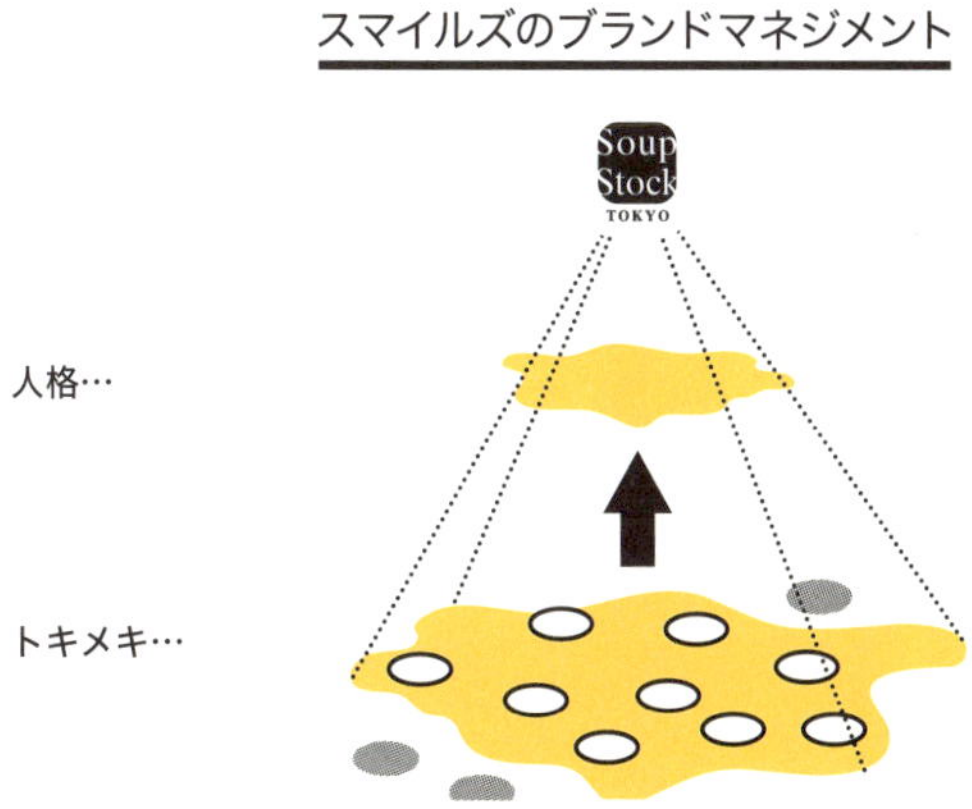

いうトキメキが現場のあちこちで醸成され、それがまたさらに新たな自分＝ブランドのあり方を気づかせてくれるんです。

■マーケティングの二大施策、割引も広告もない

なぜ僕らがこういう考え方に至ったかといえば、ほとんど割引施策や広告を打たないことも関係しているかもしれません。

スマイルズは基本的に割引施策をしませんし、広告出稿もしません。マーケティングの二大施策、鉾《ほこ》と楯《たて》を奪われた状態。そういうことに頼らなくても成立する事業を目指しているんです。となると、その事業やプロジェクトが魅力的であることでしか、お客様やステークホルダーを惹きつけることができないわけです。例えばメディアの方が取り上げたくなる事業やイベントであるとか、コストパフォーマンスに関係なくお客様がワクワクする場であるとか、そういうことが求められる。**つまり価値ある何かでなければ価値がない。価値を追求する先にしか生きる道がない。だからこそ、価値の源泉である個々人の思いやトキメキを大切にし、ブランドの可能性を見出すために人格があるわけです。**

■この顧客との会話は１００回のうちの１回

コピーライティングや顧客へのメッセージの届け方も一種独特です。

「100本のスプーン あざみ野ガーデンズ」では、子どもたちと一緒に店舗の隣に公園をつくる
「コドモたちとみんなでつくる公園プロジェクト」を進行中。
"コドモ建築家"がプロの建築家とともに公園の設計図を考え、子どもたちと公園づくりも一緒に行う。

スープストックトーキョー「2016 母の日の店頭ポスター」
通常は母の日ギフトの訴求をしていたが、商品訴求ではないクリエイティブを追求した。

あくまでもブランドは人であると考えているので、コピーライティングも顧客との数多くの会話の中での一言だと考えています。すなわち、一度のコピーですべてのお客様に対してメッセージを届けようとはせず、その中の〝誰か〟にだけは届くものにしようと考えています。

プロフェッショナルなコピーライターはたった一言で、多くの方を感化し、購買や行動を誘発させる役割を担っています。その一言に賭けて言葉を研ぎ澄ませていく。僕たちはコピーライティングのプロ集団ではありません。しかしながら決してその部分を外注することもありません。自分たちのコトバでお客様との会話を紡いでいきます。この会話は１００回のヤリトリの中の１回だと考えて。

とある友人がいるとして、初めは大して興味を持てない相手だったのに、何気ない会話の一言によって、突然その友人への見る目が変わったり、急速に仲良くなったりすることがありますよね。**一発必中ではなく、百発一中でいい。**普段の中の何気ない会話だと思えば、マジックワードを並べた、さもありなんといったコトバより、ピンポイントで〝誰か〟だけには確実に届く具体的な一言を連ねていくことの方が可能性があると思うのです。

ブランドに人格を持たせることで、顧客コミュニケーションも豊かにすることができます。**自分がブランド自身だったら顧客とどんな会話をするだろうか、周りからポジティブな印象を持ってもらうにはどう表現したらいいかということを考える。人同士の普段の会話で誰もが意識している当たり前のことをブランディングでも実現していくということです。**

3. 絶妙な距離感

■コーポレートサイトは、はじめましての自己紹介

スマイルズのブランディングのポイントの2つ目は「絶妙な距離感」です。これが分かりやすく表れたのは、スマイルズのコーポレートサイトづくりかなと思います。あえて顧客と距離感を取って、「何か面白そう」「この会社なら何かやってくれそう」と思わせる余白を作ることを意識しました。それはすなわち、スマイルズへの期待値を高め、関与のモチベーションを高める工夫でもあります。

コーポレートサイトというのは、人間同士で言うところの初めて会った人への自己紹介のようなものだと思うんです。例えば、今日はコンパで、相手方はこの4人ですと。あなたは誰のことが気になりますか？

1人目。「座右の銘は、世の中の体温をあげること」だそうで、いわば**「イキカタのヒト」**ですね。

2人目は「私はスープ屋、おいしいスープを作るために頑張っています」。この人は**「トド**

ノツマリのヒト」。

3人目。「スープもネクタイもリサイクルもファミレスもやっています」と。要は**「カオスなヒト」**です。

4人目は、「商社のベンチャー第1号、キャリアはしっかり積んでいます」。**「カタガキのヒト」**ですね。


講演会でこの話をして一番気になる人を挙手してもらうことがよくあるんですが、一番多く手が上がるのは「イキカタのヒト」です。個人的には初めて出会った第一声でイキカタを語られたらちょっとびっくりしますけどね。現実社会でモテるのは「カタガキのヒト」だったりするかもしれません。肩書がちゃんとしていると、安心感があるということなのでしょう。

ということはさておき、もし僕がこのコンパに参加するとしたら、きっと「カオスなヒト」を装います。なぜなら、脈絡がなくて意味はわからないけど、なんだか気になると思われたいから。つまりカオスは魅力の源泉になりえると考えています（特段、成功体験があるわけではないですが笑）。

今日はコンパ。早速の自己紹介タイム。
誰のことが気になりますか？

イキカタのヒト

トドノツマリのヒト

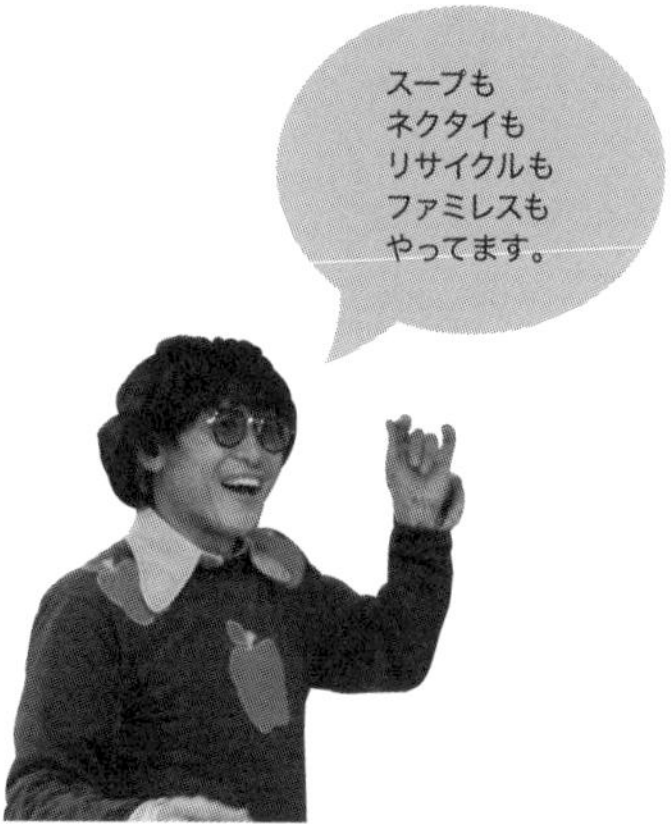

カオスなヒト

カタガキのヒト

■余白が関与を引き起こす

スマイルズのサイトも、「カオスなヒト」に思われようと考えて作りました。企業を人に置きかえると、誰とどんな会話をするだろうかというところから始まります。まさにコンパの自己紹介そのもの。

実際にうちのサイトは、ぱっと見ではちょっとワケが分かりません(笑)。もういろんな業態があるし、業態の中のある一部だけが取り上げられていたり、なんだかぐちゃぐちゃなんですよね。でも、そう思われたかったわけです。何だか楽しそうだけどよくわからないから気になる。そんなサイトを目指しました。

背景には、この頃から外部クライアントの案件も手掛けるようになったことがあります。つまり会社のあり方の転換期でもあった。様々なブランドの単なる受け皿だったものに、どんどん新しいものが生まれていく事業開発のエンジンが備わり、さらにはクリエイティブ機能をリソースとして外部に価値を提供することも考え始めていた。様々な事業の拡がりが視野に入ってきたタイミングだったんです。

そこで外部の方々へ、スマイルズという会社は自社事業もそれ以外の事業もやっていて、体系化しきれないような豊饒《ほうじょう》さがありますよ、ということを伝えようと考えました。何だか分からないけど、この人たちならきっと何かをやってくれそうだという期待値、いわば潜在的価値を高めていく。表出している実績も見てもらいつつ、何だかいろいろ考えていそうだし、楽しそうでもある。もしかしたら、この自分たちのモヤモヤを解決してくれるかもしれない――そういう関与を引き出したかったわけです。決まりきった仕事や依頼ではなくて、「スマイルズならこんなことできませんか？」「まだゴールは見えていないけど、一緒に考えてもらえませんか？」といった川上から一緒に始めることができて、スマイルズの可能性に期待されたプロジェクトをやりたかったんですね。

■36度7分　微熱の美学

文脈があまりにもがっちり固まっていると、お客様の付け入る隙がなくなってしまう。あまり熱く押し込み過ぎず、かといって冷め過ぎでもない、**体温でいえば36度7分くらいの適度な温度感をもって伝えること、すなわち「微熱の美学」を心掛けました。**具体的にいえば、行間をつくる、説得しない、ロジカルではない、言い過ぎない、全部出し過ぎない。事実の集積にして、狙い過ぎない。その事実の集積が何となく考えを感じさせる。そういう絶妙な距離感を意識したわけです。

そんなところから生まれたコーポレートサイトなんですね。ある種の〝混沌〟を演出するために、作品群は列挙する、文脈はつなげないというスタイルで、スープストックトーキョーというスープ屋もジラフというネクタイ屋も同列に並べ、事業規模の大小も関係なく並列に見せました。スタートした事業だけでなく、妄想段階のアイデアもコンテンツ化して、僕らの可能性をより大きい視点で汲み取ってもらうようにもした。結果として、「スマイルズさん、こんなことできますか」って面白い依頼が舞い込んでくるようになりました。

メディアの価値の本質は、情報発信ではないんですよね。情報を発信するから、そこに情報が集まる。そこが最大の価値だと思います。僕たちはコーポレートサイトで情報発信することで、みなさんから情報を寄せてもらい、それによって何か新しい機会を得るという場にしたかったんですね。なので、整理整頓し切らずにやったわけです。

今回このコーポレートサイトはある一定の役割を終えたので、リニューアルしようと考えています。次のフェーズに向かうということで、ある程度、理路整然として「カオスなヒト」は卒業しようかなと思っています(笑)。

「スマイルズのコーポレートサイト」

捉えどころのないサイトを目指して制作した。(2019年8月時点)

4. 感度のスイッチ

■イノダコーヒ　三条支店　6時45分

スマイルズのブランディングのポイントの3つ目が、「感度のスイッチ」です。これもやはりN＝1という、自分自身の実体験から導き出されたものです。

僕がこれに気づいたのは、2003年頃ですね。当時僕はイデーという会社に新卒で入社して、社長（当時）の黒崎輝男さんのかばん持ちをしていました。出張で京都を訪れた日の朝、黒崎さんに誘われて老舗コーヒー店のイノダコーヒに行ったんです。忘れもしない、三条支店。

朝6時45分。今は10時開店ですけど、当時は早朝からやっていたはずです。記憶に間違いがなければ（思い違いだったらすみません！）。何でまたこんな朝っぱらから、わざわざコーヒー屋さんに行くかなあと、眠い目をこすりながら黒崎さんについていきました。

お店に入ると奥に大円卓があって、そこに座りました。店内はBGMがなく、無音です。空調のジーッという音と、円卓の中で白衣を着たスタッフの方が2人、黙々と仕事をしている。1人はずっとコーヒーを攪拌《かくはん》して、鉄が当たるカチカチカチカチという音だけが聞こえている。あ

「イノダコーヒ 三条支店」の大円卓

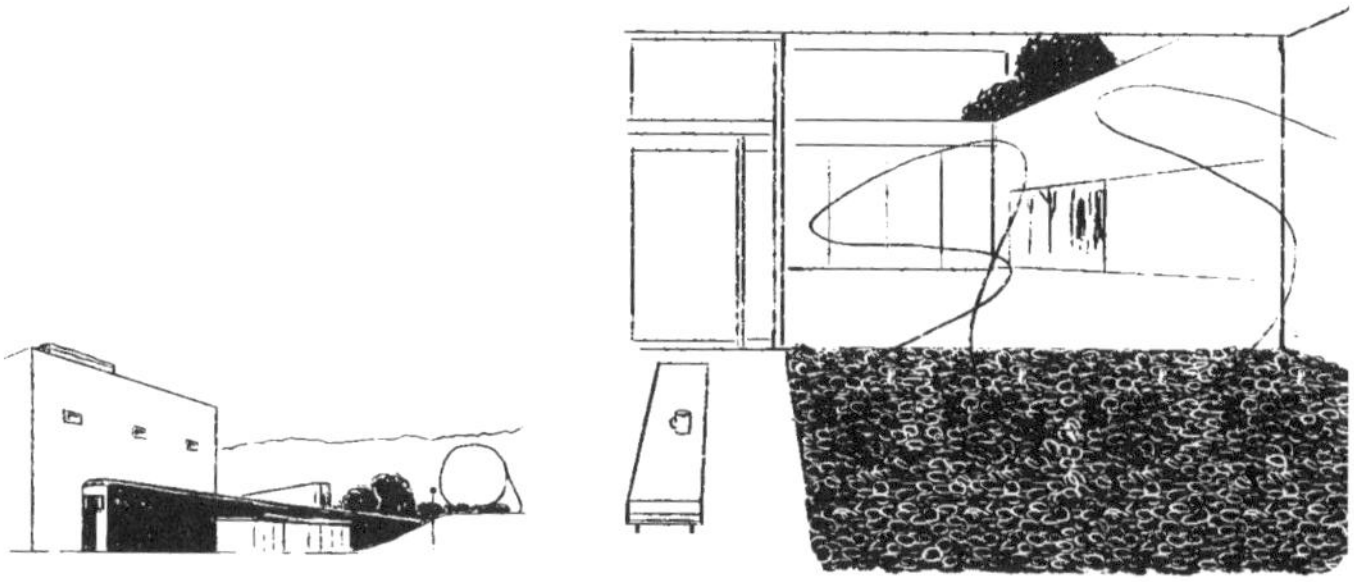

「奈義町現代美術館」

荒川修作+マドリン・ギンズ、宮脇愛子ら3つの作品が常設展示されている。
建築の設計は磯崎新。巨大な作品と空間全体を建築化し、作品と建築が半永久的に一体化している。

とはググツグツと、サイフォン管で煮沸する音。

お客様はおじいちゃん2人とおばあちゃんが1人。その方々もまた、黙って新聞を読んでいます。ペラッ、ペラッと新聞をめくる音。もう1人のスタッフは、おじいちゃんが読み終えた新聞を別の人に渡し、別の新聞をこちらの人に渡し、という作業を繰り返している。僕は円卓でその様子を見ながら、コーヒーをたしなんでいる——。

この光景を、僕は未だに鮮明に覚えています。大それたことは何もない、平穏な時間なんだけれども、すべての音が異常なほどクリアに耳に入ってきていたんです。無音の中で今言った音しか存在していなかった、にもかかわらず。いや、だからこそ、と言うべきなのかもしれません。

わざわざ京都に来て、朝6時45分という状況、そしてこの大円卓というある種のしつらえが、すごく非現実的に感じられました。そして黒崎さんが朝に行くぞと言ったのは、きっとこの情景を見せたかったんだということに思い至ったと同時に、自分の感度が上がっているから、一つひとつの音が鮮明に入ってきているんだということに気付いたんです。

■高感度な人はいない。ただ感度が上がる時があるだけ

よく「高感度な人」という表現を見聞きします。そういう人が全くいないとは言わないけれども、僕は基本的にはそういう人は決して多くないと思っています。要は、**誰しも「感度が上**

がるときがある」ということ。

例えばみなさんが京都に行ったら、きっと寺社仏閣を巡りますよね。地元にだって山ほど寺社仏閣はあるのに、なぜか京都へ行くとそういうところへ行ってしまう。海外旅行へ行けば、やたら写真を撮ったり、「かわいい」を連発したり、普段しないことをしてしまう。昨日ディズニーランドで被っていたものを翌日オフィスに着用してくる人はなかなか見かけません(笑)。

普段とは違う行動をとったり、普段は感じない感動を受け取ったり、気付かなかったことに気付いたり。それはその体験の瞬間、自分自身の感度が上がっているからこそ起こるのです。

たとえて言うならば、自分の視界が普段の生活ではモノクロの部分があるのに、旅先などの非日常的な状況では、視界全体が4Kの解像度で見えているようなものかもしれません。自分の感度が上がって五感が研ぎ澄まされるわけです。

2017年に訪れた、岡山の奈義町現代美術館も感度が上がる場所でした。3つの作品しかない美術館なんですが、何しろロケーションが素晴らしい。那岐山を遠くに望み、その手前に広がる大地の中にその美術館はあります。入場料を支払って、建物内のエントランスを抜けるといきなり外に出ます。建物の外には水辺があって、そこに最初の作品が配置されている。傍らにはベンチが2つ。僕はその瞬間「うわー!」とヒラメキが。

ここに作品があって、青空が見えていて、ベンチが置いてある。もしここに1杯のビールがあったならば、僕にとってこの作品との向き合い方が決まってしまうんです。ベンチに座り、ビールをたしなみながら、ぼけーっと、作品を見るでもなく、状況そのものを味わえばよい。きっとそんな最高の昼下がり。

あるいは、例えばエントランスで入場料を払った時に、コーヒーを1杯渡されて、「お好きなところでお飲みください」ともし言われたとしたら、たぶん今までの美術館の鑑賞体験が全く変わってしまう。どこで飲もうかなと考えながら敷地内を歩きますよね。それまでは作品を近くで見てみたり、キャプションを読んでみたり、「どういう意味?」とか「よくわからない」とか頭で考えながら作品と対峙していたのが、そんなことはどうでもよくなって、作品も含めた空間そのものを探索しながら「どこで味わおうかな、この時間を」という具合に美術館の価値が転倒する。そういうことに気づいて、胸を打たれたわけです。

たった1杯のコーヒーなのか、1杯のビールなのか、あるいは人によっては1冊の本でもいいかもしれない。いずれにせよ、ささやかな何かがそこに媒体としてあるだけで、感度のスイッチが入って、感性が開かれる可能性があるんですね。

■東京のど真ん中に山をつくりたい

この延長線上の話として、僕がもうかれこれ10年くらい前からずっと妄想しているのが、東京のど真ん中に山をつくるということです。例えば、山頂で飲む1杯のコーヒーはすごくおいしいじゃないですか。でも、それはコーヒーの中身の問題じゃないんですよね。自分の感度が上がっているからおいしいわけです。だから記憶に残るわけです。

であるならば、高尾山に行くのもよし、あるいは富士山に登るのもよしなんだけど、仮に東京駅とかの目の前に、3階建て分ぐらいでもいいから山があったとして、その上でコーヒーが飲めたら、普段飲んでいるコーヒーとは全く違う味がするはず。あるいは、味は一緒だったとしても、今までにない記憶になるはずと思っているんですね。

さっきの価値の話もそうですけど、それを価値たらしめるには、実はどうやって感度を上げるかが大切だったりもするわけです。**僕らは基本的に、すごく非日常的な何かを提供しているような会社ではありません。日常の中に、どうやって非日常的な感度が発動する仕掛けを埋め込むかというところで価値を問うていきたい。**

京都の料亭でお吸い物を味わう時も、一度口に含んでから押し黙って「……うまい」という言葉がたぐり寄せられる。数秒間の沈黙は、舌がうまみを探す旅に出かけているということなんですね。同じものをそのあたりの店でもし食べたら、おいしいと感じる方もいるでしょうけど、きっと僕なんて「うーん、ちょっと味薄くない?」で終わっちゃうかもしれない。でも、京都だったらおいしいと感じられる。なぜなら、感じようとするから。すなわち感度が上がっているからなんですね。

こういう仕掛けをどうやって施すか。しかも、あくまで押し付けじゃダメ。さっき言ったように、距離感が大事だから、その人が関与したいと思えるような余白を作ったうえで、その人に「高感度な人」になってもらわないといけない。

この感度のスイッチの技法を使ったのが「文喫」という本屋です。これは業態として顧客の感度を上げる仕掛けを随所に張り巡らせて、うまくはまったものといえます。共感的関係を結ぶことを大きな目的として、N＝1発想で具体的なシーンを描き、それを具現化していった。従来の書店にない価値を導入して、書店の市場盤面を変えようとしている事例でもあります。

N＝1の発想法、具体性から顧客の体験シーンを描くこと、関係性のブランディング、市場のルールチェンジなど、ここまで話してきた要素が1つの事業でどのように結実するのかというショーケースにもなる文喫について、次章で詳しく説明します。

TOKYO MOUNTAIN PROJECT

山頂で飲む珈琲はきっと違う味がする

コラム③　クリエイティブのたしなみ

スマイルズのクリエイティブチームは本書の中でご紹介している以外にも
一種独特の文化があります。本書の中では書きつくせませんが、少しだけ触れたいと思います。

決裁より熱量

事後報告でも構わない。
熱量が大事。
社内調整は無駄の源泉。

**インハウスの
価値は“可能性”**

スキルより意欲とポテンシャルにベットする。

**花びら型の
チーム**

得意分野はそれぞれ。
全員が思考・企画・実行をする。

**多数ノ凡人ガ
一人ノ天才ヲ凌駕スル**

異分野のチームによる協業が可能性を生む。

**ヤルベキ・ヤリタイより
トクイなこと**

トクイなコトは諦められない。トクイを伸ばせば他もついてくる。

**これデいいより
これガいい**

本当に「これがいい」のか徹底的に考える。

ブランドの先行指標

価値の切っ先を作ろう。
誰からも頼まれてないからヤル！

**0ベース思考
100%実行**

オーダーを鵜呑みにしない。ゼロベースで考え、生み出した企画はクライアント以上の熱量をもって自ら実行する。

**CONCEPT
＜IMAGE**

デザイナーの強みは画を描けること。イメージを共有しチームの創造性を創発させる。

**“食べ放題”が
生み出すチカラ**

インハウスデザインは“ただ”だから怒涛のように打ち込める。

1%を突き刺す

細部が肝心。触れうる1%の機会をターゲティングする。

先付けのすゝめ

プロジェクトのド頭に先付けする。それがこのプロジェクトのモノサシとなる。

実行こそが機会を生む

まずはやってみる。その経験が新たな思考と機会の種となる。

7章　実践編！　N＝1の発想で新規事業を生み出す
～本と出会うための本屋「文喫」の場合～

1. 文喫の開発物語～どのように顧客の文脈を作ったか

■入場料のある本屋

それでは、スマイルズの手法を使って僕たちがプロデュースした「文喫」を実践編として詳しくご紹介していきます。

「文喫」は「本と出会うための本屋」。文喫の最大の役割は、本とお客様との出会いを取り持つこと。喫茶室もあるのでブックカフェと捉えられても全く構わないんですが、僕たちの定義ではあくまで本と出会うための本屋ということです。

特徴としては、第一に1500円（税抜）の入場料がかかることが挙げられます。入場料はかかるけれども、何時間いてもいいし、コーヒーと煎茶は飲み放題です。

本は選書室を中心に約3万冊用意していますが、どれも1冊ずつしかありません。普通の本屋は新刊本や売れ行きのいい本は平積みで、数冊、数十冊と用意していますが、文喫はそれぞれ1冊しかありません。平積みされている本も上の本と下の本はバラバラです。書棚に入る本たちの陳列も出版社順や著者のアイウエオ順といったこともなく、新刊本のコーナーもない。

文喫

本と出会うための本屋。

本屋では、本を選ぶ時間こそ最良だ。

想像し得ぬ本との巡り合い
棚の間で移ろいゆく興味と関心
唐突に目に入ったそれを眺める時間と空間
幾つか手に取ったならば
椅子に身を預けてみるのもまたよい
珈琲をお供にじっくりと過ごす
時には本を傍らに喫茶で語らう
没頭と息抜きが行ったり来たり
一日の最後には意中の一冊が見つかるだろう
ここにはまだ見ぬ本との喜びが確かにあるようだ。

偶然の出会い、一目惚れの瞬間、深みにはまる本との関係
読む人も、そうでない人も、きっと本のことが好きになる。

BUNKITSU

文喫のコンセプト

「文喫」の特徴

入場料のある本屋	入場料 1,500 円（コーヒー・煎茶飲み放題） 1 日中何時間でも居放題 140 坪 / 90 席　Wi-Fi、電源、ロッカー有
3万冊の本はもちろん購入可	選書室を中心に人文・自然科学から デザイン・アートに至るまで約 3 万冊 の書籍を販売（1 種 1 冊ずつ）
様々な空間やサービス	選書室の他、展示室、閲覧室、研究室、喫茶室が あり様々な過ごし方ができる 選書サービスやギフトサービス、会員制度もある

ジャンルは分かれているけれども、サイズも含めて多様な本がパッと見た感じでは雑多に置かれています。

選書室の他に、机と椅子があって本を吟味できる閲覧室、話し合いや打ち合わせもできる研究室、エントランス部分で企画展示を行う展示室といったスペースもあります。閲覧室や研究室で仕事をする人もいます。喫茶室の一角にはロッカーがあって、荷物を預けて身軽に店内を散策できるようにしました。

「本屋」でもあり、「カフェ」でもあり、「仕事場」でもある。他の本屋さんとは一味も二味も違う特徴を持った本屋であるわけです。

開発のきっかけは、スマイルズが老舗の取次事業者である日本出版販売（以下、日販）から、新しい形態の本屋のプロデュースを依頼されたことにありました。場所は青山ブックセンター六本木店（以下、ＡＢＣ）の跡地で、コンセプト、業態、店舗やグラフィックのデザイン、喫茶のメニュー開発に至るまでプロデュースさせていただきました。

ウェブのコンテンツ拡充やオンライン書店に押される形で、出版業界も書店業界もこのところ苦戦を強いられています。そうした事情を背景に、日販さんには「このまま手をこまねいているだけでは生き残れない。自分たちも変わらなければ」という切迫した思いがありました。

それと同時に大型書店であればまだまだ体力はあるものの、お取引先である街本屋さんの意味を再定義できなければ、街から本屋が失われてしまうと考えました。それは街に知性や文化を育むことにおいて大きな損失となりえるのではないか、という漠然とした危機意識もあったと思います。新しい形態の本屋が求められた背景には、そういう事情があったわけです。

■まずできあがったのはロゴ

3章のコラムのところで、プロジェクトのフローである問題・課題・解決策とそれを分解したナインセルについて軽く触れました。**その中で問題・課題・解決策のどこからプロジェクトをスタートするのか、その順序は問わない**と言いましたが、文喫はまさに順不同で進んでいった案件でした。

例えば、企画がスタートして最初に着手したのはロゴ作りです。普通は、業態やコンセプトなどが決まってからそれらを表現するロゴを考えていきますよね。外部のデザイナーに依頼して、その中からよさげなものを1つ選ぶことも多いんじゃないでしょうか。

でも、文喫の場合は全く違う。まだどんな本屋を作るか誰も分からないうちから、ロゴ作りを始めたんです。着手した時点では、業態もコンセプトも決まっておらず、入場料制にすること自体も選択肢の1つでしかありませんでした。新しいことをするという基本路線ははっきりしていたものの、これまでABCや本を愛してくれていた方にも受け入れてもらえる業態を作ることを大前提として、デザイン＝作為を極力感じさせないようにしようと考えていました。

要は、丁寧な、本質的なことをやりたい、その決意表明をロゴにも反映しようとしたんです。これはABCの跡地であったことが大きく関わっています。本好きにとっての聖地。僕にとっても若かりし頃、夜中に足しげく通った原体験のある場所。その場所に新たな本屋を作ろうとしている。否応なしに市場の注目を集める中で、既存のビジネススキームからの脱却だけではなく、本や本屋の本質と向き合わなければ何らかのネガティブな評価を下されかねない。そういったプレッシャーの中で小手先のいい加減なことはできないということも背景にありました。


だからロゴもいかにも〝デザインした〟ものでなく、本の本質に立ち返るものを目指しました。そして、それがある種の象徴となって、その後のコンセプトメイキングにも寄与するんじゃないかという予感めいたものがあったんですね。そこで社内のデザイナーの木本さんと相談しながら作ったのが、次ページのロゴです。

これは日本語の書籍でよく使われるリュウミンというフォントと、英文の書籍によく使われるバスカヴィルというフォントを融合しています。「文」の字の2画目のトメ部分は「T」の横線のトメ部分と差し替えていて、「喫」の最後の払い部分は「R」の斜め部分にしている。ローマ字ロゴにしても、「BUNKITSU」の「N」や「T」の右上のトメ部分はリュウミンの一部ですし、「K」の斜め部分には「喫」の最後の払いを当てはめている。T、R、Bの

文喫

BUNKITSU

文喫のロゴ(ブランドアイデンティティ)

文喫

BUNKITSU

文喫のロゴとA-OTFリュウミンPro / バスカヴィルRegularとの違い

一部を融合している箇所もある。2つのフォントを微妙に交換しているということです。

スタンダードな価値をベースに、しかしそれらは組み合わせ次第で新しい価値になりうるということです。本と出会う機会はこれまでにも無数にあったはずだけど、この本屋では今までにない体験を提示しようとした。元々の本質は変わらないまま、今までとは違う見立てで交錯していくことをデザインで示したんです。

そのためにロゴは、いかにも〝デザインしました〟というものではないデザインが必要でした。デザインはするけれど、なるべく奥ゆかしく、当たり前のように過ぎ去るようなものにしていこうと。

だから、このロゴのデザインの工夫は分かりづらいです。こうやって説明して初めて、「ああ、なるほど」と思ってもらえる。でも、それくらいの主張のなさがいい。それが文喫の本質だからです。あくまでもこの時点では業態のアウトラインすら見えていませんでしたが、このロゴの先に答えがあると確信していました。

ちなみに「文喫」のブランドカラーは「**初恋ピンク**」。頬《ほお》を赤らめたような肌色に近いピンク色です。後ほど出てきますが、本との出会いを〝初恋〟に見立てて、そんな甘酸っぱい体験を提供したいという思いから決まりました。

■直感的な空間デザインが文脈を強化する材料になった

ロゴ作りと並行して空間のリサーチも走らせていました。まだ業態は決まっていなかったけれども、工事の進捗の関係で空間デザインは目星をつけなければならないという、これは現実的な要請があったからです。

ただ、リサーチといっても、いわゆるマーケティング的な定量的な調査でなく、「この場所のこのへんは何かいいな」とインスピレーションを得るためのフィールドリサーチです。自分の感覚に刺激を与えるための定性的な調査とでもいえばいいでしょうか。

プロジェクトを進めていく中で、自身の中で直感的にプロジェクトメンバーにどうしても見せておきたい場所があって、大した目算も無いまま上海に連れて行ったりしました。また個人的にはデンマークやスウェーデンにも行きました。当然、国内の書店や図書館、そのほか可能性を感じうるところはとにかく足を運びました。

どこに行くかは偶然だったり思いつきだったりで、突拍子もない行動に見えますが、思考するだけではいいものは生まれないし、まあとにかく行ってみようと。実際にその空間に身を置いてみたら、やっぱりいろいろと感じるものがあるわけです。リサーチ先の空間をそのまま踏襲するわけではもちろんないけれども、肌感覚でインプットしたものの何らかの要素はたしかに文喫の空間へ反映されていると感じます。

文喫はＡＢＣの跡地につくられました。コストを抑える意味もあって、元の建物の構造はそのまま使うことになりました。だから入口の感じや階段にかつての姿がしのばれるわけです。これがまた、狙ったわけではないものの、面白い効果を生んでいます。

例えば窓です。内側の壁面や書棚を全部外したら、その外側にＡＢＣ時代には見えていなかった窓があることが分かりました。たしかに外から見たらあったんだけど、閉じられていて見えていなかった。見た瞬間に「あっ、これいいな」と思ったんです。ただ、そのまま生かすんじゃなくて、その前に30センチくらい空けて内壁を置いたんですね。それも、あえて壁の向こう側に窓があるのが見えるようにした。とっても中途半端です。お客様からしたら、わけが分からないですよね。でもそれがいいと思ったし、そうすべきだと思ったわけです。この時はまだ直感で察知している状態で、なぜそれがいいかという理由は説明できないんですけど。

それから喫茶室の天井。天井板を張るのを中途半端なところで止めました。残り何分の一かは上部の構造が見えている。建築的に言えば納まりが悪い状態。何が言いたいかというと、僕らが新しく内装を手掛けた部分と、これまでの内装を融合させなかったということです。さっきの窓と壁の関係も同じですね。全部を引き離して、古い地層の上に新しい地層を重ねるようにしたと。

後で思えばこれは本との出会いと同じなんですよね。例えば、Ａさんが本を何冊か選んだとして、１冊は人文書、１冊はデザイン本、１冊はビジネス書だとします。これらの間には何ら関係性がない。だけれども、Aさんが選んだということにおいて、その人にしか見えない一続きの文脈がきっとあるんですよね。

それと同じように、文喫の空間は本を3冊重ねたような空間であって、一番新しいのが僕たちが作った空間、その奥にABCがあり、さらにその奥にABC以前がある。3つの層を融合しないまま重ね合わせた。その結果が壁の後ろにちょっとずれて見える窓であり、作りかけのように見える天井というわけです。

最初は直感的に「何か空けたい」ということで隙間を設けたわけですが、脈絡のない本たちが自分という媒体によってつながっていくように、文喫の中の様々な場所を、お客様自身が媒体となってつなげていき、一続きの文脈を生み出していく。そのような場所にしたかったんです。

これを見たあるメディアの方は、「この空間の隙間に現れる過去を切り取ることで1つの作品として成立している。」というようなことを書いていて、いい解釈をしてくれているなと思ったんですけど、そのような見解も含めて、**この場所をどう捉えるかはその人次第なんですね。そうやっていろいろ解釈して語ってくれることで、それはもはや、その人の文脈に組み込まれている。つまり、その人のものになっている。**

ABCの遺構（昔の構築物の跡・痕跡）を使うという制約条件も逆手に取れば特徴となり、文脈を強化する材料にできるわけです。そうやって関与を引き出すことこそが僕たちの望みな

ファサードにはＡＢＣの面影が。

ホワイトキューブの展示室ではイベントも開催。
この階段もＡＢＣ当時のもの。

展示室では90種の雑誌がお出迎え。
棚の裏にはちょっとした仕掛けが……。

約3万冊が揃う選書室（中2F）
1冊として同じ本のない書棚。

Wi-Fi / 電源使い放題の閲覧室（2F）

グループ利用可の研究室（2F）
あえてかつての壁面の一部がのぞく。

食事もとれる喫茶室（中2F）
中途半端に天井が貼られ、過去の文脈とつなぐ。

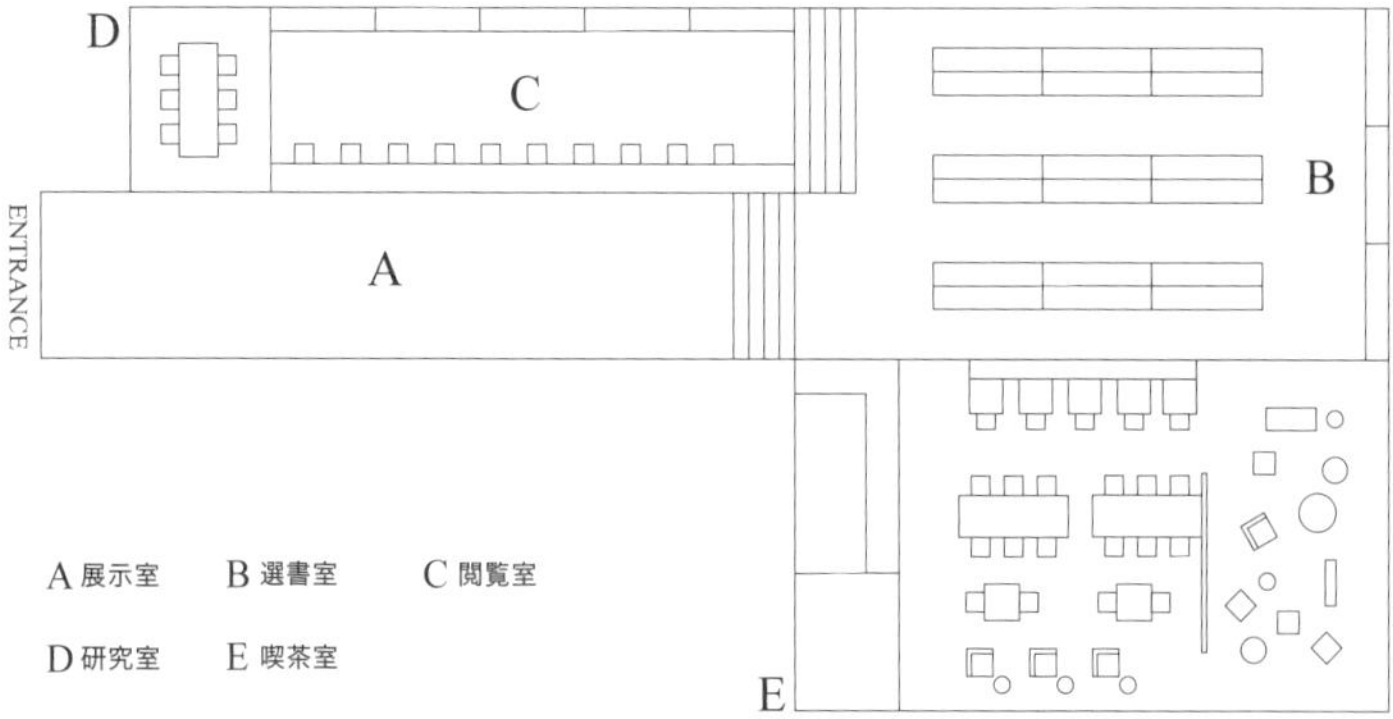

んですね。

■感度のスイッチを入れる仕掛け

ロゴ作りや空間リサーチと並行して、プロジェクトメンバーのN＝1に基づく体験収集も進めました。

ある日、スタッフと共にリサーチのために訪れた国立国会図書館で『落葉図鑑』という本に巡りあいました。手描きの落ち葉がすごくきれいで感動したんですが、その時ハッと気づいたんです。そういう記憶に残るような本との出会いというものは、〝偶然の巡りあい＝邂逅《かいこう》〟なんですね。オンライン検索とか、これを買おうと思って買いに行くことでは、この感動は得られない。そんな気付きから思い出したことがあるんです。僕は今でこそクリエイティブディレクターという役割を担っていますが、学生時分はゴリゴリの理系。なんなら数字を取り扱うのが主でした。しかしながらその学生の時に旅先のロンドンの街場の本屋にて『Droog Design』というオランダのデザインチームの本に偶然にも出会ったんです。この本との〝邂逅〟をきっかけに僕はクリエイティブやデザインに目覚めたというくらい、それはそれは人生において重要な出会いでした。

人生や生活にインパクトを与えてくれる本との出会い。そのような経験はみなさんにもあるんじゃないでしょうか。そのような出会いを引き起こすには「**心の余裕**」が大切です。「〇〇のための本を今すぐに買わなきゃ」と焦っている状況の中では、自分にとって今すぐには意味を見出せない本に心惹かれることはなかなかない。じゃあその「心の余裕」を生み出すためには「**十分な時間**」も大切です。僕が国立国会図書館や海外で記憶に残る本との出会いがあったのはその両者が合わさってのことでしょう。「心の余裕」と「十分な時間」でもって、出会うともしれない1冊を巡るひとときこそが、本屋における最大の悦楽ではないかと発想が広がっていきました。

そこで、唐突にリサーチ先からプロジェクトメンバーに宛ててメールを送りました。本との出会いを〝初恋〟に見立て、こんな文章を書いたんです。

「あの本と偶然に出会い、あの本と恋に落ち、あの本が忘れることのできない価値になる。文喫はそのような場所でありたい」

と。そうした本との巡りあいという個人的な体験がベースにあって、じゃあ、その偶然をむしろ作っていこうと考えたことが、文喫のコンセプトの元にあります。

そうした個人的な体験に基づく、みんなのN＝1を収集していったわけです。僕は過去からの情報を棚卸ししたり、海外の定性的リサーチから得たインスピレーションを昇華していったり。他のメンバーも具体的な体験情報を集めてきて、そこから抽象的なコンセプトを紡いでいきました。そうしてもう一度、事業のアイデアやお客様の体験するシーンへと具体化していったわけです。

この時集めたN＝1の例としては、本の陳列があります。一般の書店で最近見るレイアウトだと、本をうず高く、手に取れないところまで積み上げたりしますけど、そういう決してアクセスできない、触れないところに本を置くのはやめようと決めた。つまり「**本をディスプレイにしない**」ということです。それから「**同じ本は1冊として置かない**」。雑貨や文具のような、「**本との出会いに直接的には関係ないものは置かない**」。「**過度なキャプション（説明）もしない**」。あくまで、お客様側が自分で文脈を紡ぐことを重視しましょうと。生活者の視点に立つと、そういう環境が本との出会いに相応しいだろうと思えたからです。

じゃあ、どうしたら文脈を紡ぎやすくなるかなと考えて、無料ゾーンと有料ゾーンの空間デザインで気持ちを入れ替えやすくしました。エントランスを入ってカウンターを抜けるとスキップフロアへつながる短い階段があって、それを上がると中2階のスペースが広がるんですが、その手前の無料ゾーンはホワイトキューブのようにシンプルな構成に。中2階からはピンク色の床が印象的で、腰を据えて本と向き合おうとする情緒的な空間に切り替わる。ここからが有料ゾーンというわけです。空間の情緒を切り替えることで、気持ちも切り替わる。空間も感度のスイッチをぐっと入れるために一役買っています。

文喫のMD & DISPLAY

本をディスプレイにしない
手の届かない場所に本は置かない

雑貨類など本と出会うのに
必要のないものは置かない

同じ本は１冊としてない
積んでいるのは別々の本たち

偶発的出会いのために
過度な POP は不要

文喫のSPACE & FOOD & OTHERS

無料ゾーンから有料ゾーンへ
空間的切り替えによって
「感度のスイッチ」を入れる

付帯設備的な喫茶ではない
コーヒー・煎茶もしっかりおいしく
食事も本格的なものを提供する

空間の多様性を担保
人は何時間も同じ場所に居座れない
時には集中、時にはダラリと

自由に回遊できるように
ロッカーも完備

■すべては本とのいい出会いのために

喫茶室ではコーヒーや煎茶だけではなく食事も提供していますが、あくまでも本と関係を紡ぐためだけに必要なものを置こうということで、ハヤシライス、ナポリタン、ドリア、バタートーストなど、基本的に片手で食べられるものにしています。

コーヒーも無料ですが、ちゃんとおいしく淹れているんです。どんなコーヒーでもあればいい、体裁だけ整えばいいというわけじゃなくて、本と相まみえるその傍らには、おいしいコーヒーがいてくれないと意味がない。コスト上のインパクトはあったとしても手は抜かないでほしいと、自分がお客様だったらそう思うはず。つまり、こういうこともN＝1から導き出されたことなんです。

ちなみにハヤシライスやプリンはすごく売れていまして、SNSでもたくさんの方が話題にしてくれています。「このプリンを食べるために文喫に行ってもいいくらい」と書いている方もいて、そうすると入場料と合わせると2000円を超えるプリンになって、大丈夫かなと思うんですが（笑）。まあそれくらい飲食にも力を入れているということです。ただ喫茶があればいいということでなく、みなさんの本との紡ぎ合いを少しでも良質なものにしようという、全てはそのために用意しているんですね。

それからもう1つ。空間の多様性を担保したのもN＝1からの発想です。とある区立図書館に行ったら、女子学生が試験勉強か何かをしていたんですが、その傍らには台湾のガイドブックがあったんです。きっとこの子は休憩がてら、この本でショートトリップしてるんだろうなと思ったんですね。その気持ちは痛いほどよくわかった。僕も受験勉強していたころは、漫画で息抜きしてましたからね（結果的に全巻読破して、全く勉強できず。なんてこともよくありましたが笑）。だから参考書としての本も当然必要だろうし、一息つくための本だってきっと要る。本との関係は一様ではないはずです。そう考えると、本の種類だけでなく、本と関係性を紡ぐ場所にも多様性が必要だと思って、寝転べるようなソファ席だったり、気軽に読めるスツール席などを確保しました。

■文脈は紡ぎつつ、間口は狭めない

仕事場的に使える閲覧室や研究室を設けたのも、これも完全にN＝1の心理が基点です。僕は、めちゃめちゃ飽き性なんです。オフィスでは同じところに長くいられなくて、あたりを転々としてしまう。同じように気分を変えて仕事したい人にも使ってもらえるようにと考えて、仕事ができるスペースを作りました。

本を読むときも、じっくりと落ち着いて読めないんです。それは内容に飽きるのではなく、状況に飽きて移動したくなっちゃうんですね。ロッカーを完備したのはそのためです。荷物をしまっておければ、身軽に自由に動けるじゃないですか。トイレに行くためにいちいち荷物をまとめ直す必要もない。ロッカー1つでこの場所の居心地が突然高まり、本当の意味で自由に本と戯れることができるんじゃないかと考えました。

こうして見ていくと、「本と出会うため」の場所作りという一続きの文脈で文喫を作っていることが分かると思います。といっても、ブックカフェや漫画喫茶、コワーキングスペースと捉える人もいるでしょうから、ビジネス上、その人たちにとってもちゃんとした価値がある状況を作らないといけない。でないと、本と出会うための本屋という1つの文脈にピンポイントで反応する人しか来店せず、間口が狭くなってしまうからです。

たった1つのたしかな文脈はあるものの、それほど声高に叫んでいないし、ブックカフェだとか漫画喫茶の本バージョン、あるいはコワーキングスペースだなどと言われても構わないのは、そういう背景があります。それぞれの要素に対してどういうメリットや価値があるのかを突き詰めて考えた結果が空間の多様性であり、喫茶の充実であり、無料ゾーンと有料ゾーンの区別であるということなんですね。

コワーキングスペースとして文喫を眺めると、1500円で1日使えるってかなりリーズナブル。かつ、ここには3万冊の蔵書がある。そんなコワーキングスペースは他にありません。その時点でもはや価値があるわけです。図書館と比較しても、静か過ぎず、おしゃべりもできて、飲食もできるし、ソファで寝転んで本を読むこともできる。僕からすると無料で図書館に行くよりも、文喫で1500円を払ってでもくつろげる状況を担保できた方が価値なんです。

そういう生活者としての視点をふんだんに盛り込んで、文脈を形作っているわけです。

■安易な課題設定は脱線につながる

新しい業態を開発しようとするとき、ついつい流行に便乗したくなります。最近だったら「本屋のサブスクリプションモデルをしよう」といったアイデアが浮かぶこともあるでしょう。でも課題設定として、これは危険です。生活者のシーンと何ら関係のない、単なる脱線でしかない可能性があるからです。顧客の心理を捉えきるものにならないので、そういう安易な課題設定は排除しなくてはなりません。

本当に来たくなる場所ってどんなところだろうかと突き詰めた結果が、文喫という業態につながったんですね。N＝1の体験収集と並行して、「本×コワーキング」や「本×病院」など、本にいろいろな要素を掛け合わせてアイデアを膨らませることもしたし、数値的なビジネスモデルの検証も重ねていくこともしました。

この案件では競合他社も見ながら、これははたして何屋になるのか、どういうコンセプトに着地するのがいいんだろうかということをギリギリまで考えていったんです。生活者としての自らが理想の本屋に求める具体的な欲求、こうあってほしいというシーンを練り込みながら、いや、でもこれは本屋になりえるのかという客観的な検証も行った。具体的な妄想と抽象的思考を行きつ戻りつしつつ、最後までひたすら議論をし続けながら、文喫という場の価値をスパイラル状に浮き彫りにしていった感じですね。

実は、「本と出会うための本屋」という課題＝コンセプトは、お店がローンチする数週間前に認《したた》めたんです。そのときには、**「これに決めた」という感覚ではなくて、「これに決まった」という感覚でした。**普通のプロジェクトであれば、コンセプトが最後に決まるなんてことはナンセンスなように思われますが、文喫を生み出す過程においては必然的でした。問題から解決策に至るまでのすべてを同時並行的に進行しながら、まだ見ぬその地図を炙り出していくようなプロセスでした。

■文喫がその人のものになる

文喫には様々な機能や要素が複層的に存在しています。いろんな機能を併せ持たせることで、個々のお客様に好きなように使ってもらうことを目指したわけです。好きなように使えるということは、文喫が〝その人のものになる〟ということ。SNSで「本の漫画喫茶版だ」という方もいるし、「現代の書斎だ」と書いている方もいる。そういうことを意図して作ったわけじゃないけど、その人がそう思うならそれでいいんです。**多義的なお店を作ることで、いろいろな人がいろいろな文脈を紡ぐわけですね。図書館と同じように見なす人がいたとしても、図書館と違う価値がここにはあるわけです。リファレンス**

文喫は多義的

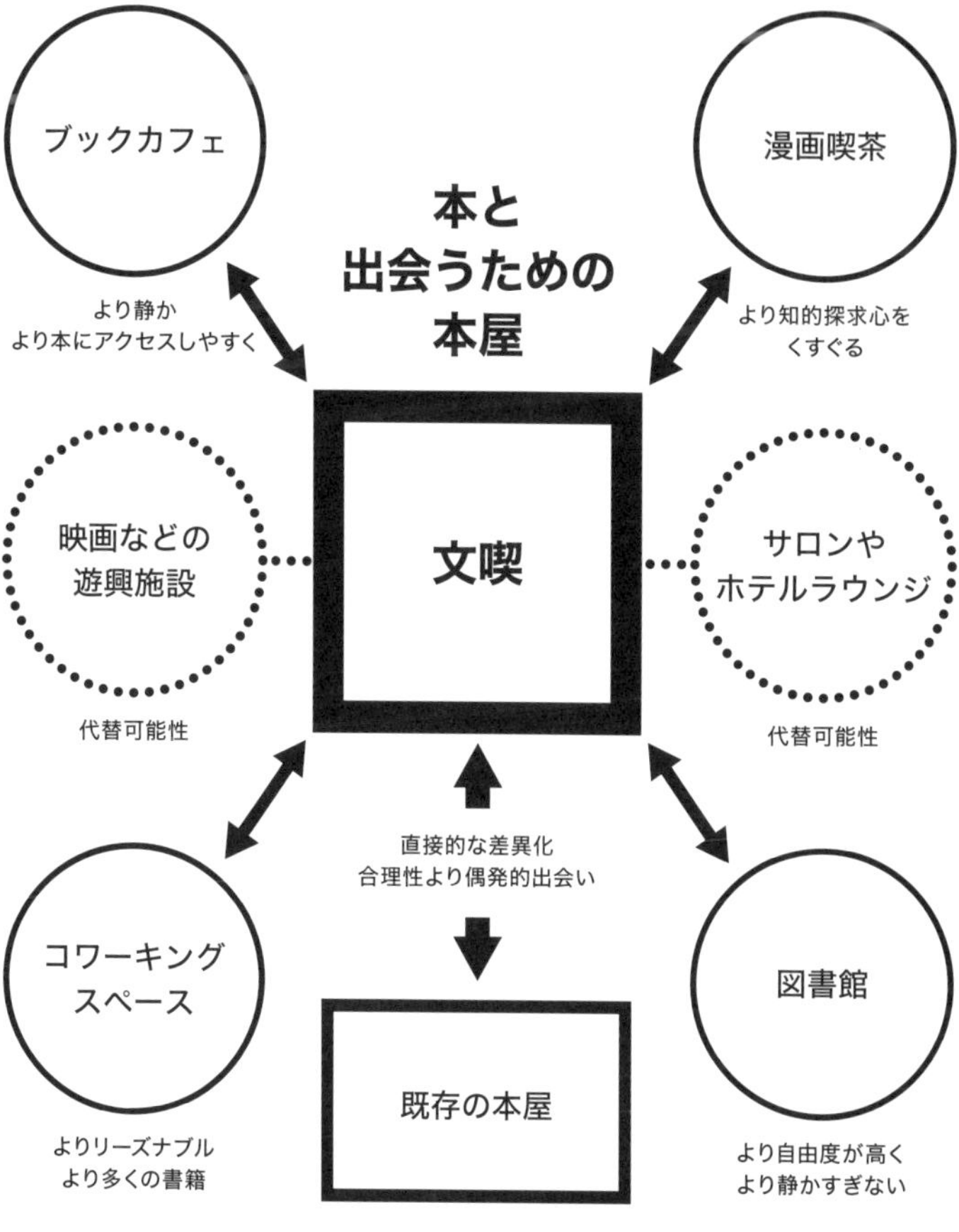
ブックカフェ
漫画喫茶
本と
出会うための
本屋
より静か
より本にアクセスしやすく
より知的探求心を
くすぐる
映画などの
遊興施設
文喫
サロンや
ホテルラウンジ
代替可能性
代替可能性
直接的な差異化
合理性より偶発的出会い
コワーキング
スペース
図書館
既存の本屋
よりリーズナブル
より多くの書籍
より自由度が高く
より静かすぎない

が大切という話をしましたけど、そのリファレンスに対しての価値をちゃんと定めておくことで、その結果、お客様それぞれが「自分にとっての文喫」に価値を見出していく。これこそまさに共感的関係の基盤となるものなんです。

文喫を作っている最中、一冊の本を売る本屋「森岡書店」の森岡さんとお話ししていた際、森岡さんからこんな質問がきました。「野崎さんは、モノ（物質）からコト（経験）消費に移行していると言われる中で、その先は何だと思いますか？」。僕は即座に「文脈です」と答えたのですが、単なるコト消費や経験価値の先には、「自分にとってユニークネスのある価値や経験（すなわち文脈）」が重視されてくるのではと考えています。「文喫」はまさにそのようなことを考えながら作っていたわけです。

おかげさまでリピーターさんも増えているようで、中には「もう7回行った」という声も聞きます。ガヤガヤした状態にならないよう、席数以上にお客様を入れないようにしているんですが、土日は入店規制せざるをえないほどの盛況ぶりです。

2. 入場料はなぜ1500円となったのか

■500円のコーヒー3杯分＝3時間の滞在

かように文喫にはいろいろと仕掛けを施したわけですが、最大のクリエイションは、おそらく1500円の入場料ではないかと思います。

さっきも言ったように文喫は多義性があるので、人によってはブックカフェや漫喫に見立てたり、さらにはコワーキングスペースや有料の図書館と見なしたりする人もいる。ただ、僕たちはあくまでここを「本と出会うための本屋」にしたかった。その時にこの1500円の意味が生まれてきます。

1500円という価格は、これもまた多義的ですよね。映画館に1回行くのと同じという人、あるいは本1冊分という人もいるでしょう。僕が想定したのは、500円のコーヒー3杯分ということ。1杯で大体1時間過ごせるとしたら、ここで1500円を使うなら、元を取るために3時間いてやろうと考えるのではないか。すなわち、入場料によって3時間の余白という「心の余裕」と「十分な時間」を確保し、これから出会うであろう意中の1冊を見つける覚悟を来館者は固めるわけです。せっかく来たんだから、お気に入りの1冊を見つけてやるぞ！という意気込みが生まれるわけですね。

「感度のスイッチ」の中でも話しましたが、物理的距離や金銭的障壁は時として感度を高めてくれることに寄与します。文喫の場合は入場料によって感度を跳ね上げようとしました。だから、みんな本を頑張って探してくれる。さらに雑多な本棚の状況がよりその思いを増幅させます。もし整理整頓して本が並んでいたら、関心のあるコーナーにしか行かないわけですよ。1冊ずつをごちゃごちゃと並べることで、本との出会いの偶然と必然を演出しているんです。

しかも3万冊という冊数は、ふらっと歩けば10〜15分程度で全部見ることができるボリュームなので、ラインアップの全体感を把握できます。大型書店で品数の多さに圧倒されてしまうのとは対照的に、自分だけの1冊をこの中から探してみようという意欲が湧く。実際、ぱっと目に入った複数の本を抱えて席に着いて、1冊ずつじっくりと目を通していく方が多いですね。

■堪能しなければ「もったいない」

もう1つ、1500円払った以上は、喫茶室も含めて様々な場所を回遊して楽しもうと考えるのが人情でしょう。すると滞在時間が長くなるわけですが、そこにも意図がありました。

普通の本屋さんでは滞在時間を短くして、回転率を上げることを目指しますが、「文喫」の場合はそれと逆です。むしろ滞在時間が長いということは、それだけ満足度が高いということですし、あるいは長ければ長いほど、重層的に消費機会が増えるということにもなる。テーマパークと同じ発想です。ディズニーランドに行ったら、アトラクションを楽しむだけじゃなくて、ごはんを食べよう、お土産も買おうとなりますよね。なぜなら、せっかく入場料を払って来たんだから、そこにある価値を堪能しなければもったいないと考えるからです。

文喫もそれに近くて、1500円払った以上はなるべく長くいよう、せっかくだからごはんも食べよう、いい本があれば買っていこうとなる。約半分のお客様が無料のドリンク以外にごはんや飲み物を注文し、通常の本屋と比べると書籍購買率も随分高いです。かつ、平均単価も高い。おそらく複数冊買われている。それも新刊本とか売れ筋の本ではなくて、どちらかというと「出会っちゃった！」という感じで、普通の書店ではなかなか売れにくい本が売れています。要は、普段だったらきっと買わない本ということです。

僕もこの前、文喫である本と奇特な出会いを果たしました。店内でインタビューを受けていて、「偶然というのは必然×必然なんですよね」という話をしたんです。例えば、僕がスマイルズに入社したのは偶然なわけですが、そこに至る幼少期からの人生の歩みを見てみると、その瞬間瞬間を切り取れば、その行動は必然的な自分の意志が働いている。恐らく瞬間の判断は90％ぐらいの確率で同じことをするはずだ。しかし、その90％の必然的行動を掛け合わせていって積みあがっていった今の自分の状況やその行動は、限りなく0％に近くなる。

そういう話をしていたら、何と僕の座っていた席の後ろの棚に『偶然と必然』という生物学の本が置いてあった（笑）。これは買うしかないと思って、早速お買い上げしました。普段はほとんどビジネス本とか、仕事上の本しか買わないんですけど、まさに偶然の出会いですよね。案外こんなふうに、たまたま出会ったということで買っていく人が、文喫のお客様では多いような気がします。

ともあれ、1500円の入場料という最初のハードルを設けてあげることで、「せっかく」という志向がすごく強くなる。満足度を追求するために元を取ろうするという意識が働くので、そういうことが起こるのかなと思います。

■需要予測はほぼできない

コーヒー3杯分で3時間というシーン設定から1500円の入場料を弾き出したと説明すると、次に出てくる質問は「その価格が店の収益にフィットするとと、どうやって分かったんですか？」というものなんですね。六本木の路面店ですから維持費がかかるし、コーヒーやお茶も飲み放題です。そもそも入場料を課すことで、かえって客足を遠ざけることになるかもしれない。価格の妥当性をどうやって推し量ったのか、需要予測や損益分岐点の計算はしなかったのかという質問です。

もちろん、損益分岐点の計算はしました。事業をする以上、収益はゼロより大きくなくてはならないので、かかるコストを上回る売上がなければいけない。ですから、1日にどれくらいのお客様が来てくれて、どれくらいのお金を使ってくれたら利益はこれくらいになるだろうという程度の目論見は立てました。

でも、需要予測なんてものは不可能に近い。適当にはできますよ。今まで普通の本屋さんに行っていた人の何パーセントが使うかとか、そんな見立てはできるかもしれないけれども、結局、出たとこ勝負にしかならない。ですから、**つかみどころのない定量的推定よりも、仮に今のモデルがうまくいかなかったらどうするべきかという代替案だったり、さらにこの業態をストレッチさせるための施策というものは用意していました。**結局のところ、今はまだ使っていませんが(笑)。

ある意味では、価格設定も肌感覚でしかなかったということです。でも、自分の感覚を徹底して掘り下げて理解しているからこそ、そう大きく的を外すことにはならない。これだけ文喫が人気を得ているということは、その証左であると思います。

一般的に書店の粗利は2~3割と言われています。これは他の小売業と比較すると非常に低い数値です。かつてはとんでもなく本が売れた時代があったそうですが、今となってはそういうわけでもないので、業界全体が苦しい状況にある。旧来のビジネスモデルを転換しないといけないわけです。今までの本屋さんと同じようなモデルであれば、もっと爆発的に売らないと事業が成立しない。文喫は想定以上に本も売れてくれているし、飲食に人気があるといった複合的な価値の提供によって収益が上積みしている部分もありますが、それでもやっぱり入場料を設定したことは大きな効果を生んでいると思います。

個別のファンクションで捉えたら大した話じゃありません。入場料という仕組みも本屋では珍しいだけで、テーマパークや美術館では当たり前だし、喫茶室やワークプレイスを併設することも、それだけ見たら話題になるものではない。ただ、それらをつないで**1つの文脈を設計したことが他にはない価値を生み出しました。個別の要素は普通なんだけれども、その掛け算がユニークネスを作っている。それも、複合的な状態がユニークというよりも、お客様のモチベーションへ与える作用がすごくユニークな状態になっているということだと思います。**

■無料と有料の線引き。本はすべて買い切りに

どのエリアまで無料にするかという議論はずっとありました。喫茶スペースだけ有料にするか、あるいは閲覧室と喫茶室は有料ゾーンで、他は無料にして、ドロップインでどんどん入れるようにするといった選択肢もありました。そうすると総客数は増えるだろうけれども、本との偶然の出会いを期待する雰囲気は醸しにくくなる。かといって、展示室以外は全て有料にすると、居丈高な店と受け取られる懸念もある。でも、新しい価値を取りにいくならそれくらいしないといけないんじゃないか……。

書店の関係性の市場盤面

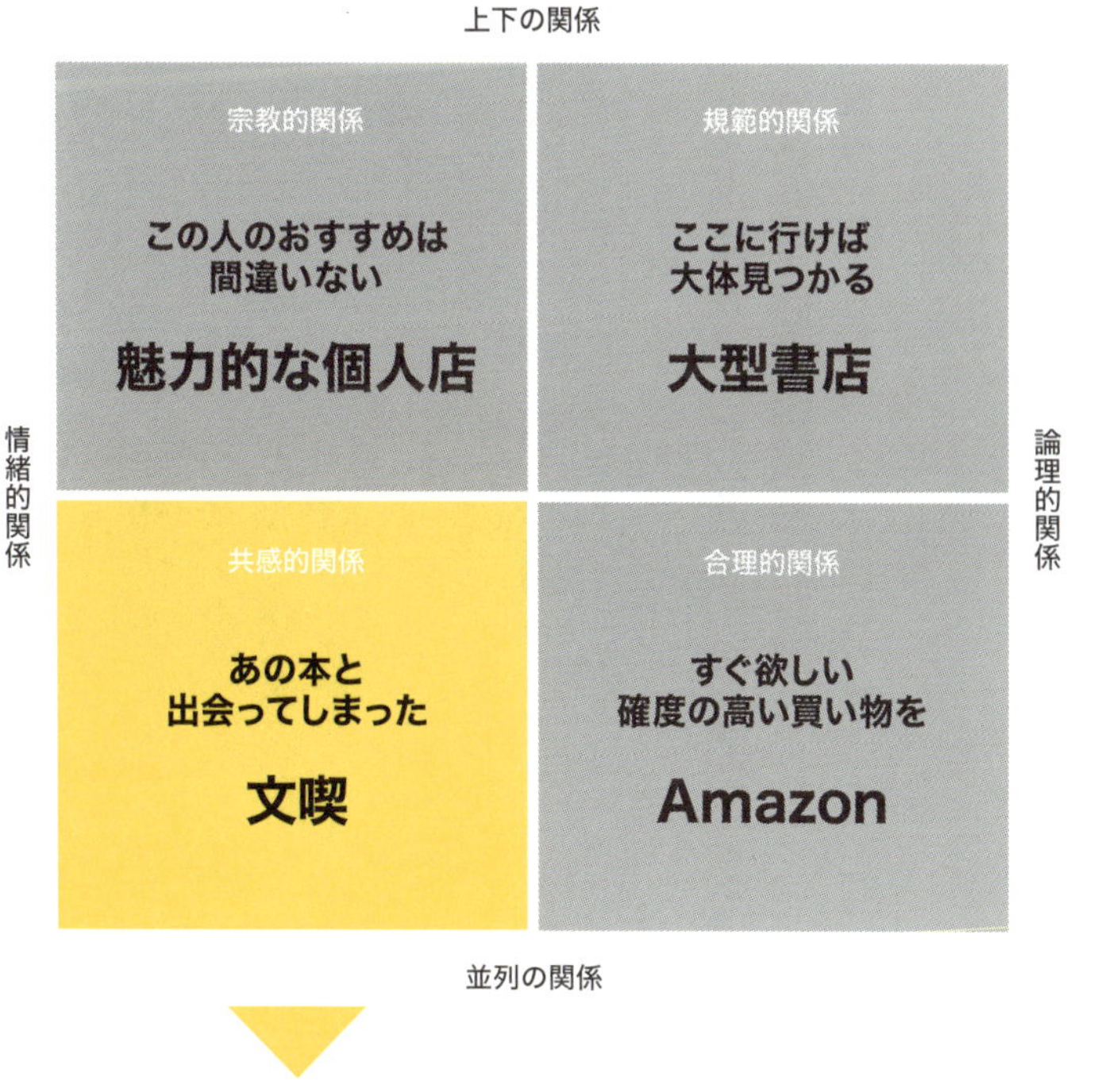

- 新刊やベストセラーではない、
  通常の本屋では売れないような本たちが売れている
- 入場者の約３割が書籍を購入（客単価も通常の書店の２倍）
- 平均滞在時間は３時間以上
- 約半分の方がコーヒー・煎茶以外の食事をとっている

一度は決めたものの迷いに迷って、日販さんに相談したんです。すると、「いや、ここは攻めていきましょう」という切れ味鋭い一言が。展示室以外はすべて有料にするという現在の形に落ち着きました。だからクライアントさんの覚悟ができていたことは大きかったですね。

それから、日販さんは取次業者ではあるのですが、文喫の閲覧室にある本はすべて買い切りにしたんです。委託販売制度*を利用したままディスプレイとして本を置くという選択肢もありえました。喫茶が儲かればいいという方法論も取りえたわけですが、日販さんはそれじゃだめだと買い切りを選択し、出版社に対して仁義を切ったわけです。

書店業界というのは基本的に委託販売制度があるので、新刊はドンと積める。売れ残ったら出版社に返せばいいんです。でも文喫は1冊しか置かないということもあるんですけど、全量買い切りという形で本屋としての覚悟を示したわけです。取次業者がこれをするのはかなりのレアケースだと思いますが、新しい業態への渇望がそれだけ強かったということなんでしょうね。**だから僕らのクリエイティブだけじゃなくて、クライアントの意志も、文喫という新しい価値を生み出すにあたって大きく作用している。**このことは強調しておきたいと思います。

ただ、本を全量買い切りといっても、本は売れなくてもそこにいてくれることで仕事をしてくれるんです。そこはよかったな、と。売れてくれたらなおよいのはもちろんですけど、ただいるだけで、誰かが読んでくれる、見てくれる。それだけでも立派に役目を果たしているんです。

＊委託販売制度：小売店が返品可能な委託という形で商品を仕入れる制度。書店の場合は、一定期間後に売れ残った出版物を取次店を通じて出版社に返品することができる。

これまで本屋さんというのは基本的に、売れ筋を置かないといけなかったわけです。でも、買わなくても見たい本ってありますよね。あるいは置いておくと、そのジャンルの幅を感じたりとか、思わず手に取ってみたくなったりする本もきっとある。売れない本も、そういうときに役立つということです。

売れ筋にとらわれないということは、セレクトの概念が思いっきり変わるわけですね。スタッフの多くは本好きで、だからこそラインナップや並べ方で自分の世界観を表現しようとする。その独自性もまたお客様を惹きつけるんだと思います。

そういう意味では、文喫は本屋さんの働き方も変える可能性を秘めていると言えるでしょう。今まではトラックで届けられた新刊や雑誌をひたすら捌《さば》いて、棚に並べて、返本しないといけないものをまとめて発送するというのが基本の仕事でした。要は本の移動に追われていた。これでは本質的な意味で本と向き合う時間がないし、お客様に提案する時間も割けません。

文喫は返本という概念がないし、新刊本がばんばん送り込まれるわけでもありません。売れた分だけまた追加するとか、別の本を追加するという形なので、今までの書店員さんの働き方とそもそも違うし、従って価値の出し方が異なってくる。そして、それは必ずや店頭の景色やお客様との関係性にポジティブな影響を与えていると思います。

3. 既存市場の盤面をどのように作り替えたか

■文喫は〝本を読まない人〟向けの本屋

実は僕はあまり本を読まないんです。多分、年間に数冊ぐらいしか読みません。町場の本屋さんに入る機会も少ない。どれだけ利便性のある場所にあったとしても、何らかの目的がなければふらっと本屋に立ち寄ることはないでしょう。そういう僕のような人が本屋に出向くためには、何らかのカタチでモチベーションを高めてあげないといけない。

一方で、文喫は本当に本が好きな人にとっては、あまりそそられない場所かもしれません。もちろん、本好きな方もお店に多くいらっしゃいます。でも、本の虫のような方には文喫の冊数では足りないと思います。実際、そういう人はSNSでも「ジャンルの幅が狭い」とか「物足りない」とか、そういう不満を述べている。でも、その方々は文喫が狙っている顧客とは少し異なるのかもなと思います。なぜかと言えば、その方は文喫に来なくても本を選べてしまうからです。すなわち本に対する感度が高いということです。大型書店でも、近所の本屋さんでも、Amazonでも、意中の本を見つけることができる。もともと本との距離が近い方なんですね。

片や、僕みたいに、本との距離が遠いんだけど、本を読むという行為に憧れている層がいるんです。本を読むと知的に感じるとか、何か吸収しなきゃいけないとか、ある種のタスク的な要素で本を捉えている。読むことで自己研鑽すべきとは思っているものの、日常の中ではなかなか行動に移せない。わざわざ非日常状態に身を置いて初めて本を読む気になる。それくらいモチベーションを上げないと、なかなか本を読まないということです。ここはＡＢＣの跡地というある種のノスタルジーも手伝って、僕もこの状況だったら本が読める、ここなら感度が上がると思いました。僕みたいな人が文喫のお客様には結構いるんじゃないかと思うんです。文喫は本当にコアな本好きの方にはそこまで必要のない価値なのかもしれませんが、新たな本との出会いを求める人や、僕みたいに本を読む自分に憧れる人にとっては価値ある場所となりえるのだと思います。

■ある局面ではAmazon越え！

文喫はAmazonがなかったらきっと生まれていないと思います。もうちょっと言うと、蔦屋書店さんのような複合型書店やエッジの効いた個人書店なども含めて、みんながいたから今まさに生まれたものなんですね。だから現在における解答でしかなくて、10年後には違う解答がきっとあるはず。今の市場環境の中で、その市場に埋もれている生活者の感情を、どうやって紡ぎ出すかということがすごく大切でした。

利便性が追求される昨今は、偶発的に本と出会うことは非常に難しくなっているともいえますが、むしろそこにチャンスがある。Amazonは楽だからみんな使います。ちなみに僕が本を買うときはほとんどAmazonで購入しています。他のプレイヤーも多くはその利便性に追随している。逆側がぽっかり空いてるとも言えるわけですよ。文喫は完全にそちらを狙いました。Amazonに勝とうと思っても、それは到底無理な話です。彼ら以上に利便性を高めることはもはやできませんから。でも、書店として彼らができないことを追求することはできる。それは量の勝負ではなく、質の勝負ということです。

どれだけ大型書店が何万冊集めようが、Amazonに勝つことは難しい。「文喫」もたかだか3万冊しかない。ただし、「文喫」を訪れたあるお客様がブログに書いていたことにこのお店の可能性が凝縮されています。通常、文喫では、お客様は本をザッピングして買わない時は返本台のところにポンと置いていきます。ただでさえ乱雑に陳列された書籍たち。一度本を返してしまったら、二度と出会えないかもしれない。出会ってしまった本に対してつき合うのか、別れるのかを、返本台に返そうとする瞬間に本気で考えないといけないわけです。これこそまさに本との〝初恋体験〟だと。また別の方は、返本台に置かれていった本を見て、「返本台に置かれたキミと目が合った（ように感じた）。ああ、これがまさに初恋ということか」ということを書いていらした。

今これを返すのか、それともつき合うのか、すなわち買うのか。この局面を選ばないといけないわけです。返してしまったら、もう二度と出会わないかもしれない。あるいはこのモチベーションには少なくとも出会わない可能性がある。

今この本との初恋の局面においては、僕らはAmazonよりも利便性が高いと思うんです。だって、ここからわざわざ本を返して、Amazonでレビューを調べ、買うか買わないかを決めて、ポチっと押して、明日届きますという手続きをふむよりも、今買った方が圧倒的に早い。つまりこの瞬間、文喫は合理的選択なんですね。

全体においては勝てないんだけれども、ある局面においては、実は非常に合理的な状況が生まれうるし、非合理の中に合理性が生まれることもある。きっとこの方々にとっては、一連のやりとりを含む購買体験にこそ価値があり、もはやこのタイミングで本を買うことは必然的なんですね。

■既存市場と別次元の価値を提供することはできる

多くの本好きのお客様が求めているのは、1冊の本との合理的な出会いかもしれません。しかし、たった1冊の本と恋に落ちるように出会いたい、書物の世界に没入したいというお客様も確実にいる。そして、そういう人は合理的な書籍販売業が拡大するほど、その欲求を募らせていく。そういう人と共感的関係を結ぶことに成功しているのが文喫ということなんでしょう。

今、既存市場のあちこちでシュリンクが起きています。書店業界、出版業界もそうですし、鉄道などのインフラや冠婚葬祭の市場もそうかもしれない。人口が減っているからシュリンクしているとも言えるのですが、旧態依然とした価値に固定化されているからシュリンクしている部分もある。ということは、全く違う次元での価値が生まれえたら、市場はもう一度浮かび上がる可能性もあるわけです。

文喫は既存市場の価値をずらしてうまくいった事例です。通常の本屋とは、あまりにも対極にある業態にもかかわらず、一定の集客を得ている。同じ本を売っているのに、「新しい本屋」と捉えられている。こうした事実に鑑《かんが》みると、いわゆる書店業とは別の市場として捉えられているとも言える。まさに市場盤面を変えているわけです。

これが実現できたのは、基点があくまでもN＝1という個人の体験にあるからなんですね。生活者の視点を元に、これまで述べてきた様々な手法を駆使しながら、従来の書店にない新たな価値を紡いでいく。その結果、顧客と特別な関係、共感的であったり宗教的であったりするような関係を構築していく。それはどんな業界、どんな業態であっても決して不可能ではないし、むしろシュリンクが起きている業界にこそチャンスが潜んでいると言えるのかもしれません。

文喫のナインセル

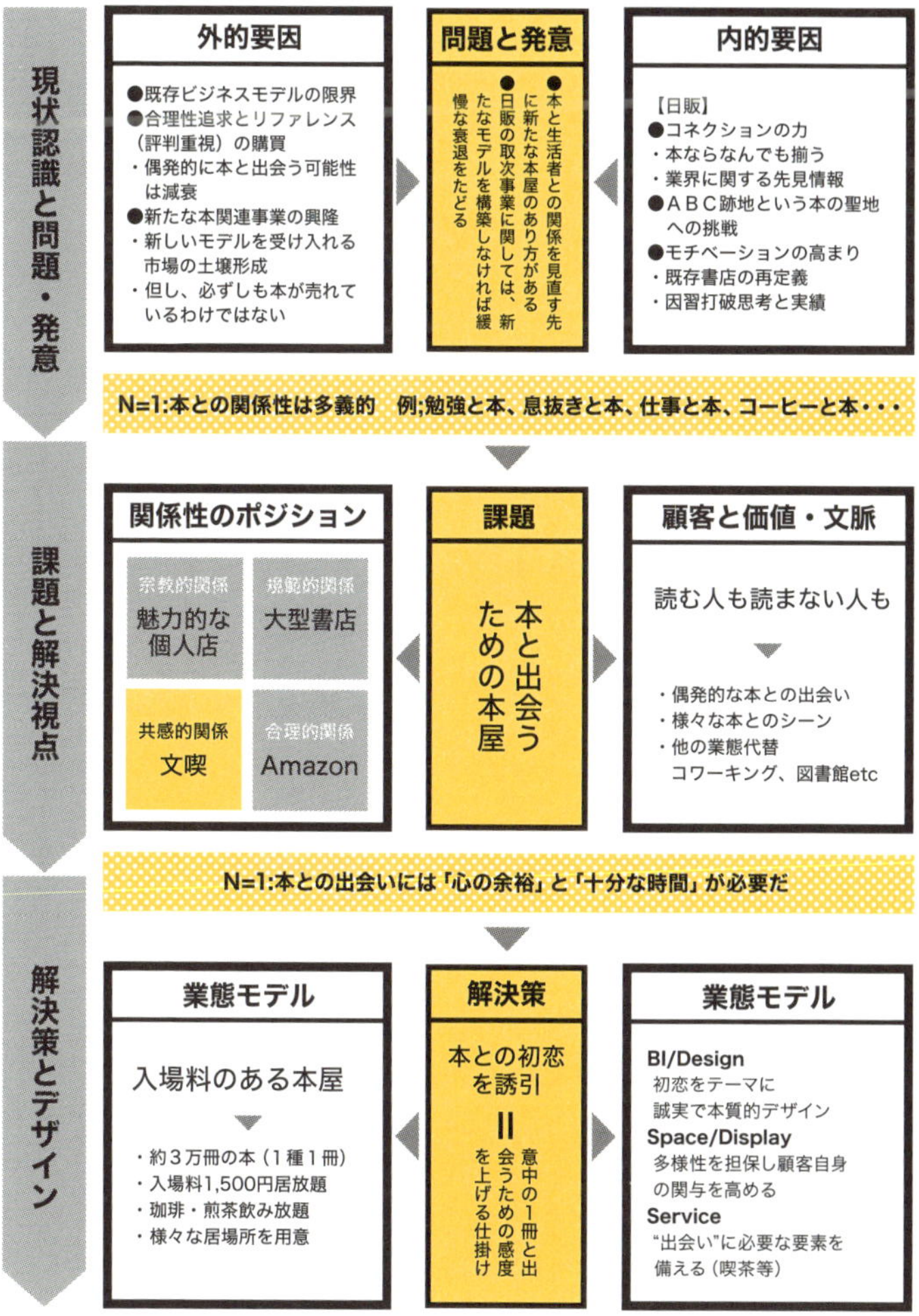
現状認識と問題・発意
外的要因
●既存ビジネスモデルの限界
●合理性追求とリファレンス（評判重視）の購買
・偶発的に本と出会う可能性は減衰
●新たな本関連事業の興隆
・新しいモデルを受け入れる市場の土壌形成
・但し、必ずしも本が売れているわけではない
問題と発意
●本と生活者との関係を見直す先に新たな本屋のあり方がある
●日販の取次事業に関しては、新たなモデルを構築しなければ緩慢な衰退をたどる
内的要因
【日販】
●コネクションの力
・本ならなんでも揃う
・業界に関する先見情報
●ＡＢＣ跡地という本の聖地への挑戦
●モチベーションの高まり
・既存書店の再定義
・因習打破思考と実績
N=1:本との関係性は多義的　例;勉強と本、息抜きと本、仕事と本、コーヒーと本・・・
課題と解決視点
関係性のポジション
宗教的関係
魅力的な個人店
規範的関係
大型書店
共感的関係
文喫
合理的関係
Amazon
課題
本と出会うための本屋
顧客と価値・文脈
読む人も読まない人も
・偶発的な本との出会い
・様々な本とのシーン
・他の業態代替
コワーキング、図書館etc
N=1:本との出会いには「心の余裕」と「十分な時間」が必要だ
解決策とデザイン
業態モデル
入場料のある本屋
・約３万冊の本（１種１冊）
・入場料1,500円居放題
・珈琲・煎茶飲み放題
・様々な居場所を用意
解決策
本との初恋を誘引
＝
意中の1冊と出会うための感度を上げる仕掛け
業態モデル
BI/Design
初恋をテーマに
誠実で本質的デザイン
Space/Display
多様性を担保し顧客自身の関与を高める
Service
“出会い”に必要な要素を備える（喫茶等）

おわりに

僕が大好きな経営者に任天堂の元代表取締役社長の故・岩田聡さんがいます。彼はまだ入社2年目42歳の若さで任天堂で初めてとなる創業家以外からの代表取締役社長に抜擢されました。その後「ニンテンドーDS」や「Wii」など革新的なゲームを開発するとともに、2007年には トヨタ自動車や三菱UFJフィナンシャル・グループに次ぐ日本3位の時価総額（10兆円超）に押し上げた立役者としても有名です。ゲームデベロッパーカンファレンス2005にて彼が聴衆に語ったコトバが未だに心に響いています。

「名刺の上では、私は代表取締役社長です。頭の中では、ゲーム開発者です。でも、心の中では、ゲーマーです」

岩田さんは一人のビジネスパーソンであると同時に一人のクリエイターでもあり、一人の生活者でもありました。だからこそゲーム業界のハイスペック競争の中で劣勢に立たされた中、処理速度や高画素数のグラフィックなど定量的性能に頼ることなく、〝誰でも楽しめるゲーム機〟を媒体として、**家族の団欒《だんらん》をリビングに取り戻す**ことに成功しました。当時「Wii」というゲーム機を購入した方のリビング設置率は80％を超えていたそうです。このゲーム機はゲームそのものの意味を変えたと論じている人もいるほどです。

現代はGAFAに代表されるように数少ないプレイヤーが情報を支配し、高度にマーケティング化された確率論的市場の中で僕たちは生きています。知らず知らずの間に、行動を誘発させられていることもあるかもしれません。しかしながら、かつて任天堂が、あるいは岩田さんが生み出した「DS」や「Wii」のように、既存の市場論理なんて関係なく誰かの体温をあげてくれる商品やサービスは、けっしてその確率論の中からは生まれないと感じています。結局、岩田さんのような自身のN＝1に端を発する強烈な熱量や思い、そして誰もが知る原体験の中にこそ未来の価値と社会の可能性が潜んでいる気がしてなりません。

「Yes and No」

これはスマイルズが文喫をプロデュースした際、僕がクライアントに内緒でエントランスフロアからスキップフロアに上がる階段の裏側にネオン管で制作したアートワークです。運良く気に入っていただき、事なきを得たのではありますが（笑）。「Yes or No」ではなく「Yes and No」。右か左か、どちらか一方にしか正解がない社会ではなく、右があるということは左もありうる社会、すなわち選択肢のある社会こそが実現したい未来だと考えています。多様性と叫ばれながらも気が付けばどんどん選択肢の減っている現在において、それぞれの確固たるモノサシがあることは素晴らしいのだが、だからこそ、その反対の見解を持つ誰かも受け入れることができるはず。「マーケティングこそ最良」、「クリエイティブこそすべてだ」と考えるのはどちらもその人にとっては正解だし、どちらも誰かにとっては不正解。その両者を理解し寛容でありながらも自分なりのモノサシを探求すること。そこにこそ意味があると思うのです。

N＝1とはまさに様々な人にとっての選択肢を提示する大いなるきっかけだと思います。この世の中に様々なN＝1をきっかけとして事業や活動が生まれ、そのそれぞれの熱量が時としてボクシングの試合のようにぶつかり合い、最後には理解と寛容が育まれること。「自分とは考え方が違うけどそれもアリだね」なんて握手できる社会でありたい。今回この本を書くに至ったのはそんな背景があるからです。偶然にもこの本を手に取った誰かが、自分のN＝1を引っ提げてコトを企て始める。そんな方が1人でも生まれれば幸いです。

Yes and No

終わりのおわりに

そんな話はさておき、事業とは些細な妄想から始まるものです。ここに僕たちのちょっとしたN＝1をお披露目します。「なんでこうなっちゃうの?」といったN＝1から、「こんなのが欲しかった」というN＝1、「実はこれを解決したかったんだ」というN＝1まで、まだまだタイミングや勇気がなくて実行に至っていないアイデアの種たちです。もしかしたら、こんな妄想から新たなスマイルズの事業が生まれているかもしれません。

T6

とっても好きなんですこの6つ

T6は、「とっても好きなんです、この6つ」の略である。メニューは、餃子、もやしいため、マカロニサラダ、麻婆豆腐、フライドポテト、たまごサンドの6つ。顧客の要望により、定期的にメニューは入れ替わる。アナタは何がお好き？

Angel Fall

これがあればどこまでも

僕には行きたい場所がある。でも決して行けない場所でもある。この“見せられるおむつ”があればいつでもどこでもNature Calls Me!

DEN
—
CHU

電柱は最近なんだか可哀そう。地中に埋める前にちょっと待ってくださいな。みんなの記憶の中にきっと電柱とのモノガタリが1つや2つはあるはずだ。もう1度、愛しき電柱を取り戻すためにできることはないだろうか。

僕の前の
ボクが
描いた僕

今の僕はあの頃のボクの描いた僕になっていますか? 子どもが夢を語る様子をプロがインタビュー。5歳、10歳、15歳、20歳、その頃のボクを映し出します。

油を売る
We Sell Oils
Abura Wo Uru

様々な瓶詰のオイル漬けがメニューの立ち飲み屋。残ったオイルはライスか麺にまぜて〆に。瓶詰はおもたせにも使えます。「ちょっと油売ってかない?」

夜届けのブレッド

街中に佇む1軒のパン屋。夜の8時～夜中までしか開いてません。パン屋だけどパン職人もいません。だって1つもパンを作っていないから。ここに並ぶは、街中のパン屋さんから集めた本日のあまりもの。きっとあまりものには福がある。

一通の小説

小説のような手紙。手紙のような小説。週に一度ポストに届く連載小説。

RENTAL SUBORDINATE
レンタル部下
YAMADA君

第2の人生に踏み込めない人もいる。ずっと第1の人生でありたい人もいる。会社は引退したけど、今日も元気に“部下”の下へ“出社”。“部下”はお金を貰いながらも先人のありがたい知恵を拝借する。第1の人生であり続けたい人たちのために。

終わりの終わりのおわりに

この度、本書を制作するにあたってご尽力いただいた日経ＢＰ徳永さん、高木さん、無駄に長い話に付き合っていただいた金子さん、そして最後まで校正を付き合ってくれたスマイルズ蓑毛《みのも》さん、吉本さん、最高の表紙とさし絵を作ってくれたキムさん、はらぺこさん、僕に価値観とは何か教えてくれた元ＩＤＥＥ代表黒崎さん、僕に自分らしく闘える武器を与えてくれたＡＸＩＳ高山さん、鎌田さん、そして何物にも代えがたい経験を積ませていただいたスマイルズ遠山さん、松尾さんとスマイルズのみんなに改めて感謝したいと思います。謝謝！

【著者プロフィール】

野崎 亙（のざき わたる）

株式会社スマイルズ
取締役
クリエイティブ本部　本部長
PASS THE BATON事業部　事業部長

京都大学工学部卒。東京大学大学院卒。2003年、株式会社イデー入社。3年間で新店舗の立上げから新規事業の企画を経験。2006年、株式会社アクシス入社。5年間、デザインコンサルティングという手法で大手メーカー企業などを担当。2011年、スマイルズ入社。全ての事業のブランディングやクリエイティブの統括に加え、入場料のある本屋「文喫」など外部案件のコンサルティング、プロデュースを手掛ける。2019年より、PASS THE BATON事業部の事業部長も兼務。

自分が欲しいものだけ創る！

スープストックトーキョーを生んだ
『直感と共感』のスマイルズ流マーケティング

2019年10月15日　第1版第1刷発行

著　者	野崎 亙
発行者	廣松 隆志
発　行	日経BP
発　売	日経BPマーケティング 〒105-8308　東京都港区虎ノ門4-3-12
編集協力	金子 芳恵、鈴木 素子
図版	キムジヒ、はらぺこ
本文DTP	明昌堂
印刷・製本	中央精版印刷株式会社

本書籍に関するお問い合わせ、ご連絡は下記にて承ります。
https://nkbp.jp/booksQA

ISNB978-4-296-10280-8